Witzige

WEIHNACHTS PULLOVER

Strickideen für verrückte Festtage

SIV DYYVIK UND ØSTRE AKER HUSFLIDSLAG

Witzige WEIHNACHTS PULLOVER

Strickideen für verrückte Festtage

Inhalt

- **9** LUSTIG DURCH DIE WEIHNACHTSZEIT
- **11** BEVOR ES LOSGEHT
- **12** NÜTZLICHE TECHNIKEN
- **16** KLEINER CHRISTBAUM
- **20** CHRISTBAUM-MÜTZE
- **22** WEIHNACHTSMIX
  - **26** Weihnachtsmix für Kinder
- **30** WEIHNACHTSMIX FÜR WARME KÖPFE
  - **31** Weihnachtsmix-Mütze
  - **32** Weihnachtsmix-Stirnband
- **34** WEIHNACHTSMIX FÜR DEN HUND
- **38** WEIHNACHTSMIX-STRÜMPFE
  - **40** Kniestrümpfe
  - **42** Socken
- **44** NOSTALGIE
- **48** PFEFFERKUCHENMANN
- **52** RUDOLF
- **56** ALLE JAHRE WIEDER …
- **60** ADVENT, ADVENT
- **64** WEIHNACHTSWICHTEL
- **68** HEILIGABEND
- **72** SCHNEEMANN MIT PULSWÄRMERN
- **76** SCHNEEMANN FÜR KINDER
- **80** SCHNEEMANN-PONCHO
- **85** KALLE
  - **88** Kalle für Kinder
  - **90** Glitzernder Kalle
  - **93** Glitzernder Kalle für Kinder
- **96** WEIHNACHTLICHES GRÜN
  - **100** Weihnachtliches Grün für Kinder
- **106** SÜSSE PFEFFERKUCHEN
  - **110** Süße Pfefferkuchen für Kinder
- **114** SÜSSE PFEFFERKUCHEN-STRAMPLER FÜRS BABY
- **118** WEIHNACHTS-HÖSCHEN
- **122** RUDOLF-HÖSCHEN
- **126** WEIHNACHTS-SCHLIPS
- **128** WICHTELMÜTZE
- **130** WEIHNACHTSSTRÜMPFE
  - **132** Schneeballstrumpf
  - **134** Rudolfstrumpf
- **138** DANKSAGUNG
- **140** VERWENDETE GARNE

Lustig durch die Weihnachtszeit

Grell und glitzernd dekorierte Christmas-Pullis haben seit Langem ihren Platz als humoristische Einlage in der britischen und amerikanischen Weihnachtstradition. Aber nicht alle wissen, dass dieser Brauch in gewissem Grad seinen Ursprung im hohen Norden hat. Traditionelle nordische Strickmuster mit Schneekristallen und Rentieren waren bereits in den 50er Jahren in den USA äußerst beliebt. Vor 30-40 Jahren kamen in den USA und Großbritannien plötzlich die Weihnachtspullis in Mode, bei denen diese Muster wichtige Bestandteile sind. Originell dekorierte Pullover waren in mehreren Filmen und TV-Serien zu sehen, bis Colin Firth mit einem Rudolf-Pullover 2001 im Film »Bridget Jones, Schokolade zum Frühstück« auftrat und damit eine ungeheure Popularität entwickelte.

Die Tradition der Weihnachtspullis hat inzwischen auch Norwegen erreicht und wir sehen die humorvollen Kleidungsstücke während der (Vor-)Weihnachtszeit sowohl an Werktagen als auch zum Fest. Wer sich einen Weihnachtspullover zulegen will, findet überall Massenware und „englischsprachige" Pullover, aber wo sind die Pullover, die auch norwegische Tradition zeigen? Die Zeit ist reif, um endlich eine norwegische »Julegenser«-Tradition mit selbstgestrickten Sachen und stimmungsvollen Motiven ins Leben zu rufen.

Die Regionalgruppe der norwegischen Kunsthandwerker und Textilgestalterinnen von Østre Aker Husflidslag hat zusammen mit der renommierten Strickdesignerin Siv Dyvik die Herausforderung angenommen. Erste Skizzen wurden im Kurszentrum im Groruddal entwickelt. Altbekannte Techniken und Muster wurden herausgekramt und mit viel Gelächter ließ man der Kreativität freien Lauf. Während die Mitglieder des Husflidslag mit den Skizzen und verschiedenen Materialien arbeiteten, saß Siv in London, im Zentrum aller Christmas-Aktivitäten, und entwickelte aus den Strickproben die Strickanleitungen mit Farben und Schnitten für originelle und festliche Stricksachen für die ganze Familie.

Wir hoffen, dass dieses Buch zu einer neuen norwegischen Tradition beitragen wird und dass überall Strickerinnen und Stricker sich zu originellen weihnachtlichen Stricksachen inspirieren lassen. Schmückt eure Stricksachen auch gern mit individuellem Zubehör, das selbst gemacht oder auch gekauft sein darf. Wenn etwas übrig ist, könnt ihr damit eure Weihnachtsgeschenke hübsch dekorieren! Nur die Fantasie setzt dabei Grenzen.

Wusstet ihr übrigens, dass der dritte Freitag im Dezember offizieller »Julegenser«-Tag in Norwegen ist? Ladet alle zum Weihnachtspullover-Fest ein!

Viel Freude damit!

Siv Dyvik ist eine renommierte norwegische Strickdesignerin, die seit über zwei Jahrzehnten Erfahrungen in der norwegischen Strickbranche gesammelt hat. Seit 2015 arbeitet sie freiberuflich als Strickdesignerin und entwickelt Strickmuster. Daraus entstanden bereits mehrere Buch-Bestseller. Seit 2016 lebt Siv Dyvik in London und arbeitet dort mit Anleitungen, Garn und Stricknadeln.

Østre Aker Husflidslag (gegründet 1978) ist eine Regionalgruppe von „Norges Husflidslag", der Vereinigung norwegischer Kunsthandwerker, die als Expertenorganisation für immaterielles Kulturerbe von der UNESCO anerkannt ist. Die 150 Mitglieder der Gruppe bieten in ihrem Kurszentrum Øvre Fossum Gård Låven östlich von Oslo ein breites Feld textiler Kunsthandwerktechniken. Die Vermittlung von Freude an schöpferischer Tätigkeit im Einklang mit Tradition und Moderne steht dabei für sie im Mittelpunkt.

Bevor es losgeht

Maschenprobe

Bevor du mit einer Strickarbeit anfängst, empfehlen wir dir, ein Probestück zu stricken. Manche stricken locker, andere fest und so können die Pullover plötzlich eine ganz andere Größe und Passform erhalten, wenn das nicht berücksichtigt und die falschen Nadeln verwendet wurden. Zu jeder Anleitung führen wir eine Maschenprobe und einen Vorschlag für die passende Nadelstärke an. Die Maschenprobe gibt an, wie viele Maschen auf 10 cm kommen sollten, wenn man die Strickarbeit in der Breite misst. Wenn dein Probestück mehr Maschen hat, wechsele auf dickere Nadeln, hat es weniger Maschen, sollten dünnere Nadeln verwendet werden.

Abkürzungen in diesem Buch

abk = abketten
anschl = anschlagen
arb = arbeiten
Fb = Farbe(n)
fM = feste Masche(n)
Hinr = Hinreihe(n)
Häkelnd = Häkelnadel
LL = Lauflänge
Lm = Luftmasche
M = Masche(n)
Nd = Nadel(n)
Ndspiel = Nadelspiel
R = Reihe(n)
Rd = Runde(n)
Rdm = Randmasche(n)
Rückr = Rückreihe(n)
Rundstricknd = Rundstricknadel
str = stricken
U = Umschlag/Umschläge
wdh = wiederholen

Nützliche Techniken

Maschenstich
Die Nadel mittig aus der Masche, die unter der zu bestickenden Masche liegt, ausstechen. Über die beiden „Beine" der Masche sticken und zum Schluss dort wieder einstechen, wo begonnen wurde. Die Stiche können sowohl senkrecht als auch waagrecht gestickt werden.

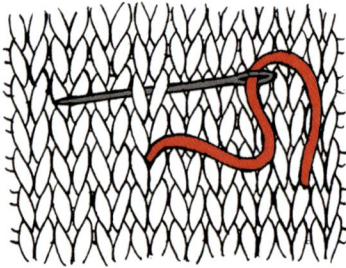
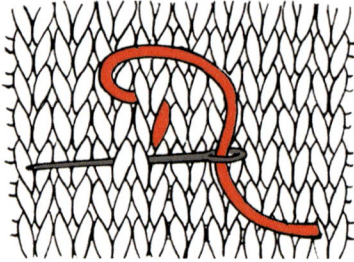
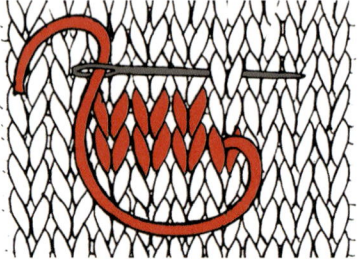

Knötchenstich
An der Stelle, wo das Knötchen entstehen soll, die Nadel von unten nach oben stechen. Den Faden um die Nadel wickeln und dabei stramm halten. Dann die Nadel nah an der Ausstichstelle wieder einstechen. Je häufiger der Faden um die Nadel gewickelt wird, desto dicker wird der Knoten.

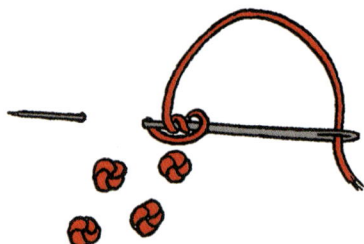

Kettenstich
Mit der Nadel von unten nach oben in den Stoff stechen und den Faden in einer Schlinge nach links führen. Die Nadel dann dicht neben der Ausstichstelle wieder einstechen und in beliebigem Abstand wieder nach oben stechen.

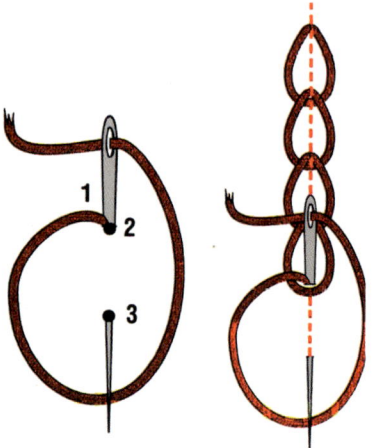

Pompons anfertigen

Mit einem Garnrest, einer Schere und einer Gabel lassen sich schnell und einfach kleine Pompons anfertigen. Das Garn mehrmals um die Gabel wickeln. Beim mittleren Gabelzinken einen Faden um das gewickelte Garn binden. Dann die Fäden oberhalb und unterhalb des Abbindfadens aufschneiden und den Pompon noch etwas zurechtzupfen, damit man die abgebundene Mitte nicht mehr sieht.

Kleiner Christbaum

Schmückst du gern deinen Christbaum? Bei diesem grünen und »buschigen« Christbaum-Pullover aus reinem Naturfasergarn setzt nur die Fantasie die Grenzen. Wie wäre es mit Pompons, Christbaumkugeln, LED-Lichtern oder Girlanden? An diesem Christbaum kannst du die Dekoration sogar täglich wechseln!

Unisex-Größen
(XS) S (M) L (XL) XXL

Maße
Oberweite: (89) 98 (105) 115 (122) 131 cm
Länge: (62) 64 (66) 68 (70) 72 cm
Ärmellänge: (47) 48 (49) 50 (51) 52 cm oder gewünschte Länge
Alle Maße beziehen sich auf den fertigen Pullover und sind entsprechend der Maschenprobe berechnet.

Garn
Flauschiges Merinomischgarn
(59 % Alpaka, 41 % Merino, LL 60 m/50 g)

Farbvorschlag
Moosgrün

Garnverbrauch
(450) 500 (500) 550 (550) 600 g

Zubehör
Pompons in verschiedenen Farben und Größen
2 Maschenmarkierer

Nadeln
Rundstricknadel 8,0 mm und Nadelspiel 8,0 mm oder die passende Nadelstärke entsprechend der Maschenprobe

Maschenprobe
Glatt rechts 11 M = 10 cm

Vorder- und Rückenteil: (98) 108 (116) 126 (134) 144 M auf der Rundstricknd 8,0 mm anschl. 1. Rd rechte M, 2. Rd linke M, 3. Rd rechte M und 4. Rd linke M str, damit der untere Rand sich nicht einrollt. Auf jeder Seite bei (49) 54 (58) 63 (67) 72 M einen M-Markierer für jedes Teil setzen. Nun in Rd weiterarb, bis eine Länge von (42) 43 (44) 45 (46) 47 cm erreicht ist. Dann auf jeder Seite 6 M abnehmen (= 3 M vor und hinter jedem M-Markierer = (86) 96 (104) 114 (122) 132 M). Die Arbeit zur Seite legen und die Ärmel str.

Ärmel: (26) 26 (28) 28 (30) 30 M zu Ndspiel 8,0 mm anschl. 1. Rd rechte M, 2. Rd linke M, 3. Rd rechte M und 4. Rd linke M str, damit der untere Rand sich nicht einrollt. Weiter in Rd glatt rechts str und gleichzeitig am Anfang und Schluss jeder Rd 2 M ca. alle (7) 6 (6) 5 (5) 5 cm (6x) 7x (7x) 8x (8x) 9x zunehmen (= (38) 40 (42) 44 (46) 48 M). Weiterstr, bis der Ärmel die angegebene oder gewünschte Länge hat. Dann 6 M mittig unter dem Ärmel abk (= (32) 34 (36) 38 (40) 42 M). Die Arbeit zur Seite legen und den 2. Ärmel auf die gleiche Weise str.

Schulterpasse: Alle Teile in der folgenden Reihenfolge auf die Rundstricknd 8,0 mm setzen: Rückenteil, 1. Ärmel, Vorderteil und 2. Ärmel = (150) 164 (176) 190 (202) 216 M. Die Rd soll zwischen dem Rückenteil und dem linken Ärmel beginnen. Weiter in Rd glatt rechts str und wie folgt abnehmen (am besten in jeder 2. Rd einen M-Markierer setzen, denn es kann schwierig sein, die Abnahmestellen zu erkennen): 4 Rd str, in der folgenden Rd (15) 16 (18) 19 (20) 21 M abnehmen, indem jeweils 2 M gleichmäßig in der Rd verteilt rechts zusammengestrickt werden. Dann (7) 7 (7) 9 (9) 9 Rd ohne Abnahmen str. Auf die gleiche Weise noch einmal so viele M in der nächsten Rd abnehmen. 1 Rd ohne Abnahmen str, in der nächsten Rd wieder auf die gleiche Weise abnehmen. (3) 3 (3) 5 (5) 5 Rd ohne Abnahmen str und in der nächsten Rd auf die gleiche Weise abnehmen (= (60) 68 (68) 76 (82) 90 M). Weitere (0) 0 (1) 1 (2) 2 Rd ohne Abnahmen str.

Halsausschnitt im Nacken: Für eine bessere Passform hinten am Nacken ein (erhöhtes) Blendenstück str. Dafür einen M-Markierer mittig auf das Rückenteil setzen und von dort aus in Hin- und Rückr str: Bis (10) 10 (12) 12 (14) 14 M an dem M-Markierer vorbeistr, wenden und (20) 20 (24) 24 (28) 28 M links zurückstr. Wenden und (30) 30 (36) 36 (38) 42 M rechts str, wenden und (40) 40 (48) 48 (52) 56 M links zurückstr. Wenden und zurück bis zur Mitte str. 1 Rd rechts über alle M str und gleichzeitig (14) 22 (18) 26 (28) 36 M gleichmäßig verteilt über die Rd abnehmen (= (46) 46 (50) 50 (54) 54 M). Noch 1 Rd links, 1 Rd rechts, 1 Rd links und 1 Rd rechts str. In der nächsten Rd alle M locker abk.

Fertigstellen: Die Ärmelöffnungen schließen. Pompons auf das Vorder- und Rückenteil nähen (siehe Foto).

Christbaum-Mütze

Diese Christbaum-Mütze ist die Krone des Ensembles. Verziere sie mit demselben Schmuck wie den Christbaum-Pullover (siehe Seite 16) oder kröne sie mit einem strahlenden Weihnachtsstern!

Größe
One size

Maße
Kopfumfang ca. 54-58 cm
Alle Maße beziehen sich auf das fertige Strickstück und sind entsprechend der Maschenprobe berechnet.

Garn
Flauschiges Merinomischgarn
(59 % Alpaka, 41 % Merino, LL 60 m/50 g)

Farbvorschlag
Moosgrün

Garnverbrauch
100 g

Zubehör
Pompons in verschiedenen Farben und Größen oder anderer eigener Weihnachtsschmuck

Nadeln
Rundstricknadel 8,0 mm, 40 cm lang und Nadelspiel 8,0 mm oder die passende Nadelstärke entsprechend der Maschenprobe

Maschenprobe
Glatt rechts 11 M = 10 cm

50 M auf der Rundstricknd 8,0 mm anschl. Wenn die Rd zu eng wird, die M auf das Ndspiel wechseln. 1. Rd rechte M, 2. Rd linke M, 3. Rd rechte M und 4. Rd linke M str, damit der untere Rand sich nicht einrollt. Weiter in Rd glatt rechts str, bis die Arbeit ca. 28 cm lang ist. Dann wie folgt abnehmen: * 3 M rechts, 2 M rechts zusammenstr, ab * wdh (= 40 M). 1 Rd ohne Abnahmen str. * 2 M rechts, 2 M rechts zusammenstr, ab * wdh (= 30 M). 1 Rd ohne Abnahmen str. * 1 M rechts, 2 M rechts zusammenstr, ab * wdh (= 20 M). 1 Rd ohne Abnahmen str. 2 M zusammenstr (= 10 M). Den Faden abschneiden, durch die restlichen M ziehen und gut vernähen.

Nach Belieben noch ein breites Bündchen zum Umschlagen anstr.

Pompons wie auf dem Foto aufnähen.

Weihnachtsmix

Hier sind alle weihnachtlichen Lieblingsmotive auf einem wunderschönen Pullover versammelt. Kleide die ganze Familie mit diesem schicken Muster ein und mache dann ein schönes Porträtfoto für die Weihnachtskarte.

Unisex-Größen
(XS) S (M) L (XL) XXL

Maße
Oberweite: (89) 95 (102) 115 (121) 127 cm
Länge: (62) 64 (66) 68 (70) 72 cm
Ärmellänge: (46) 47 (48) 49 (50) 51 cm
Alle Maße beziehen sich auf das fertige Strickstück und sind entsprechend der Maschenprobe berechnet.

Garn
Schurwollgarn (100 % Schurwolle superwash, LL 100 m/50 g)

Farbvorschlag
Farbe 1: Blau
Farbe 2: Grün
Farbe 3: Weiß
Farbe 4: Mittelbraun meliert
Farbe 5: Rot
Farbe 6: Schwarz
+ kleiner Rest Orange für die Nase des Schneemanns

Garnverbrauch
Farbe 1: (450) 500 (550) 600 (650) 700 g
Farbe 2: (100) 100 (150) 150 (150) 150 g
Farbe 3: (100) 150 (150) 150 (150) 150 g
Farbe 4: 100 g alle Größen
Farbe 5: 50 g alle Größen
Farbe 6: 50 g alle Größen
+ kleiner Rest Orange

Zubehör
4 Maschenmarkierer

Nadeln
Rundstricknadeln 3,0 mm und 3,5 mm, Nadelspiele 3,0 mm und 3,5 mm oder die passende Nadelstärke entsprechend der Maschenprobe

Maschenprobe
Im Muster A mit Nd 3,5 mm
22 M und 28 Rd = 10 cm x 10 cm

Vorder- und Rückenteil: (196) 212 (224) 252 (268) 280 M in Fb 1 auf der Rundstricknd 3,0 mm anschl. Das Bündchen in Rd 2 M rechts, 2 M links 6 cm str. Auf die Rundstricknd 3,5 mm wechseln und 1 Rd rechte M str sowie gleichzeitig 2 M gleichmäßig verteilt in der Rd nur für Größe S und XL abnehmen (= (196) 210 (224) 252 (266) 280 M). Auf jeder Seite nach (99) 105 (113) 127 (133) 141 M einen M-Markierer für das Vorderteil und nach (97) 105 (111) 125 (133) 139 M für das Rückenteil setzen. Den Musterrapport auf der linken Seite beginnen. In Rd Muster A str und beim Pfeil für die gewählte Größe beginnen. Weiterarb bis zu einer Höhe von (42) 43 (44) 45 (46) 47 cm. Nun 5 M auf jeder Seite der beiden M-Markierer abk (= (89) 95 (103) 117 (123) 131 M beim Vorderteil und (87) 95 (101) 115 (123) 129 M beim Rückenteil). Die Arbeit zur Seite legen und die Ärmel str.

Ärmel: (44) 48 (48) 52 (52) 56 M in Fb 1 mit Ndspiel 3,0 mm anschl. 5 cm in Rd 2 M rechts, 2 M links str. Zu Ndspiel 3,5 mm wechseln und 1 Rd rechts str sowie gleichzeitig (53) 55 (57) 59 (61) 63 M gleichmäßig verteilt zunehmen. In Rd Muster B und Muster A str, dabei die Pfeile beachten, die die Ärmelmitte markieren und ausrechnen, wo seitlich davon das Muster beginnt. 1 M am Anfang und Ende der Rd sowie ca. alle 2 cm 2 M (16x) 17x (18x) 19x (20x) 21x zunehmen (= (85) 89 (93) 97 (101) 105 M). Weiterstr, bis der Ärmel die angegebene Länge hat und mit derselben Rd in Muster A wie beim Vorder- und Rückenteil enden. Noch 10 M mittig unter dem Ärmel abk (= (75) 79 (83) 87 (91) 95 M). Die Arbeit zur Seite legen und den 2. Ärmel auf die gleiche Weise str.

Raglan: Alle Teile in der folgenden Reihenfolge auf die Rundstricknd 3,5 mm setzen: Rückenteil, 1. Ärmel, Vorderteil, 2. Ärmel (= (326) 348 (370) 406 (428) 450 M). Die Rd nun zwischen dem linken Ärmel und dem Rückenteil beginnen. Dort, wo sich die Teile treffen, 4 M-Markierer setzen. Weiter in Rd mit Muster A arb und 2 Rd str. In der nächsten Rd wie folgt abnehmen: Nach jedem M-Markierer 2 M rechts zusammenstr und vor jedem M-Markierer 2 M rechts verschränkt zusammenstr (= 8 M insgesamt). 1 Rd ohne Abnahmen str. Die Raglanabnahmen in jeder 2. Rd (25x) 26x (27x) 29x (30x) 31x wdh (= (126) 140 (154) 174 (188) 202 M). Dann die mittleren (13) 15 (17) 19 (21) 23 M am Vorderteil für den Halsausschnitt abk und weiter in Hin- und Rückr str. Für den Hals am Anfang jeder R an jeder Seite (4, 3, 2) 4, 3, 2 (4, 3, 2, 2) 4, 3, 2, 2 (4, 4, 3, 2) 4, 4, 3, 2, 1 M und gleichzeitig weiter für den Raglan abnehmen. Danach noch 1x 1 M am Beginn der R für den Halsausschnitt abnehmen, um dann auf die Raglanabnahme zu treffen. Auf die Nd 3,0 mm wechseln und weiter in Fb 1 in Rd str. Auf dem abgeketteten Ausschnitt 10 bis 11 M je 5 cm aufnehmen; die M-Zahl muss durch 4 teilbar sein. 7 cm mit 2 M rechts, 2 M links str. Die Blende locker mit jeweils rechten und linken M abk, nach innen doppelt umschlagen und annähen.

Fertigstellen: Die Ärmelöffnungen schließen. Schneemann: Augen und Knöpfe mit Knötchenstichen in Schwarz aufsticken. Etwas dickere Knötchenstiche in Orange für die Nase sticken. Rentiere: Die Augen mit Knötchenstichen in Schwarz sticken. Etwas dickere Knötchenstiche in Rot für die Nase sticken.

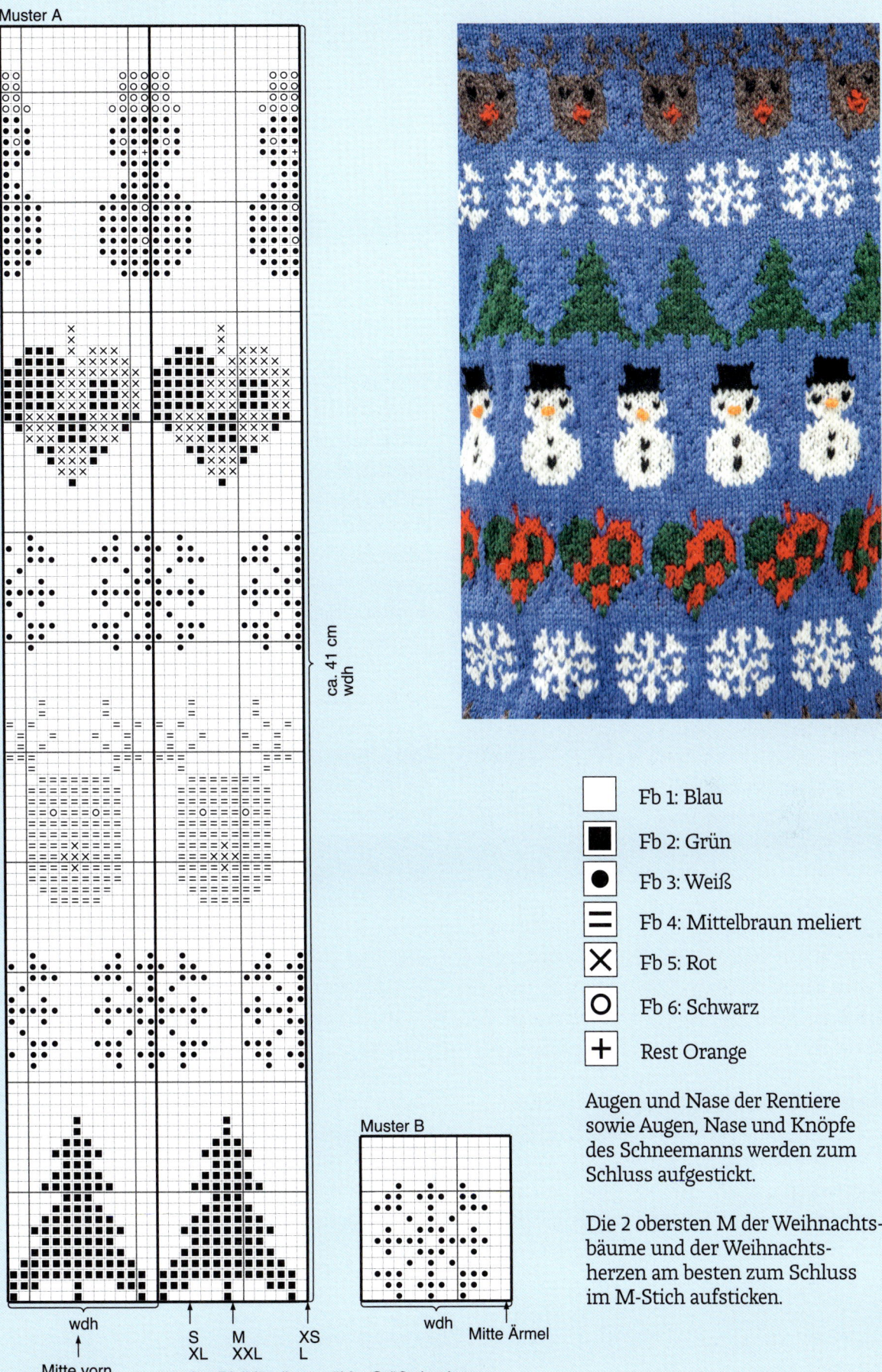

- ▢ Fb 1: Blau
- ■ Fb 2: Grün
- ● Fb 3: Weiß
- = Fb 4: Mittelbraun meliert
- × Fb 5: Rot
- ○ Fb 6: Schwarz
- + Rest Orange

Augen und Nase der Rentiere sowie Augen, Nase und Knöpfe des Schneemanns werden zum Schluss aufgestickt.

Die 2 obersten M der Weihnachtsbäume und der Weihnachtsherzen am besten zum Schluss im M-Stich aufsticken.

Weihnachtsmix für Kinder

Größen
(4) 6 (8-10) 12 Jahre

Maße
Oberweite: (64) 70 (76) 83 cm
Länge: (42) 46 (52) 58 cm
Ärmellänge: (28) 31 (36) 40 cm
Alle Maße beziehen sich auf das fertige Strickstück und sind entsprechend der Maschenprobe berechnet

Garn
Schurwollgarn (100 % Schurwolle superwash, LL 100 m/50 g)

Farbvorschlag
Modell 1
Farbe 1: Blau
Farbe 2: Olivgrün
Farbe 3: Weiß
Farbe 4: Mittelbraun meliert
Farbe 5: Rot
Farbe 6: Schwarz
+ kleiner Rest Orange für die Nase des Schneemanns

Modell 2
Farbe 1: Marineblau
Farbe 2: Olivgrün
Farbe 3: Weiß
Farbe 4: Mittelbraun meliert
Farbe 5: Rot
Farbe 6: Schwarz
+ kleiner Rest Orange für die Nase des Schneemanns

Garnverbrauch
Farbe 1: (200) 250 (300) 350 g
Farbe 2: (50) 100 (100) 100 g
Farbe 3: (50) 100 (100) 100 g
Farbe 4: (50) 100 (100) 100 g
Farbe 5: 50 g alle Größen
Farbe 6: 50 g alle Größen
+ kleiner Rest Orange

Zubehör
4 Maschenmarkierer

Nadeln
Rundstricknadeln 3,0 mm und 3,5 mm, Nadelspiele 3,0 mm und 3,5 mm oder die passende Nadelstärke entsprechend der Maschenprobe

Maschenprobe
Im Muster A mit Nd 3,5 mm
22 M und 28 Rd = 10 cm x 10 cm

Vorder- und Rückenteil: (144) 152 (160) 180 M In Fb 1 auf der Rundstricknd 3,0 mm anschl. Das Bündchen in Rd 2 M rechts, 2 M links 4 cm str. Auf die Rundstricknd 3,5 mm wechseln und 1 Rd rechte M str sowie gleichzeitig 4 M gleichmäßig verteilt in der Rd nur für Größe 4 Jahre abnehmen und für die übrigen Größen 2 (8) 2 M gleichmäßig verteilt zunehmen (= (140) 154 (168) 182 M). Auf jeder Seite nach (71) 77 (85) 91 M einen M-Markierer für das Vorderteil und nach (69) 77 (83) 91 M für das Rückenteil setzen. Den Musterrapport auf der linken Seite beginnen. In Rd Muster A str und beim Pfeil für die gewählte Größe beginnen. Weiterarb bis zu einer Höhe von (29) 32 (36) 41 cm. Nun 4 M auf jeder Seite der beiden M-Markierer abnehmen (= (63) 69 (77) 83 M beim Vorderteil und (61) 69 (75) 83 M beim Rückenteil). Die Arbeit zur Seite legen und die Ärmel str.

Ärmel: (40) 40 (44) 48 M in Fb 1 mit Ndspiel 3,0 mm anschl. 3 cm in Rd 2 M rechts, 2 M links str. Zu Ndspiel 3,5 mm wechseln und 1 Rd rechts str sowie gleichzeitig gleichmäßig verteilt (43) 45 (49) 51 M zunehmen. In Rd Muster A str, dabei die Pfeile beachten, die die Ärmelmitte markieren und ausrechnen, wo seitlich davon das Muster beginnt. 1 M am Anfang und Ende der Rd sowie ca. alle 2,5 bis 3 cm 2 M ca. (8x) 9x (11x) 12x zunehmen (= (59) 63 (71) 75 M). Weiterstr, bis der Ärmel die angegebene Länge hat und mit derselben Rd in Muster A wie beim Vorder- und Rückenteil enden. Noch 8 M mittig unter dem Ärmel abk (= (51) 55 (63) 67 M). Die Arbeit zur Seite legen und den 2. Ärmel auf die gleiche Weise str.

Raglan: Alle Teile in der folgenden Reihenfolge auf die Rundstricknd 3,5 mm setzen: Rückenteil, 1. Ärmel, Vorderteil, 2. Ärmel (= (226) 248 (278) 300 M). Die Rd nun zwischen dem linken Ärmel und dem Rückenteil beginnen. Dort, wo sich die Teile treffen, 4 M-Markierer setzen. Weiter in Rd mit Muster A arb und für den Raglan wie folgt abnehmen: Nach jedem M-Markierer 2 M rechts zusammenstr und vor jedem M-Markierer 2 M rechts verschränkt zusammenstr (= 8 M insgesamt). 1 Rd ohne Abnahmen str. Die Raglanabnahmen in jeder 2. Rd wdh, bis die Arbeit (37) 41 (46) 52 cm lang ist. Dann die mittleren (11) 11 (13) 15 M am Vorderteil für den Halsausschnitt abk und weiter in Hin- und Rückr str. Für den Hals am Anfang jeder R an jeder Seite 2 M und gleichzeitig weiter für den Raglan abnehmen, sofern dies möglich ist. Noch bis zur angegebenen Gesamtlänge weiterstr und abk. Als Abschluss sieht ein ganzer oder halber Musterrapport am schönsten aus.

Halsausschnitt: Auf die Nd 3,0 mm wechseln und weiter in Fb 1 den Ausschnitt arb. 10 bis 11 M je 5 cm aufnehmen; die M-Zahl muss durch 4 teilbar sein. In Rd 6 cm 2 M rechts, 2 M links str. Die Blende locker mit jeweils rechten und linken M abk, nach innen doppelt umschlagen und annähen.

Fertigstellen: Die Ärmelöffnungen schließen.

Schneemann: Augen und Knöpfe mit Knötchenstichen in Schwarz aufsticken. Etwas dickere Knötchenstiche in Orange für die Nase sticken.

Rentiere: Die Augen mit Knötchenstichen in Schwarz sticken. Etwas dickere Knötchenstiche beim blauen Modell in Rot, beim marineblauen Modell im M-Stich die Nase nach dem Zählmuster sticken.

Muster A

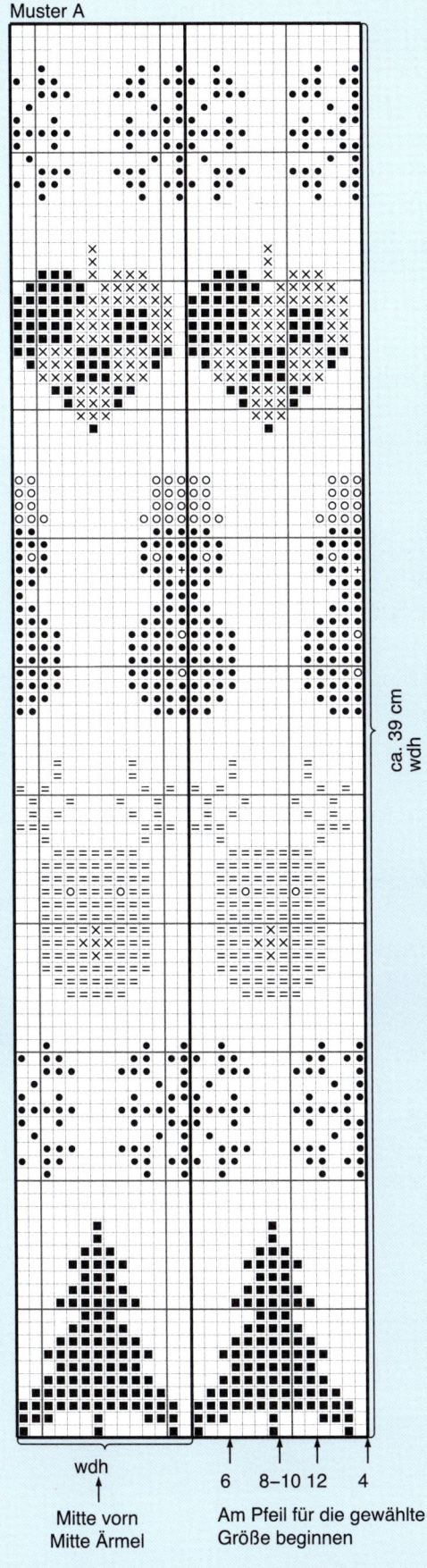

ca. 39 cm wdh

wdh
Mitte vorn
Mitte Ärmel

6 8–10 12 4
Am Pfeil für die gewählte Größe beginnen

☐ Fb 1: Blau/Marineblau
■ Fb 2: Grün
● Fb 3: Weiß
= Fb 4: Mittelbraun meliert
✕ Fb 5: Rot
○ Fb 6: Schwarz
+ Rest Orange

Augen und Nase der Rentiere sowie Augen, Nase und Knöpfe des Schneemanns werden zum Schluss aufgestickt.

Die 2 obersten M der Weihnachtsbäume und der Weihnachtsherzen am besten zum Schluss im M-Stich aufsticken.

Weihnachtsmix für warme Köpfe

Suche dir ein Muster vom Weihnachtsmix-Pullover (siehe Seite 26) aus, das dir oder deinem Kind am besten gefällt und stricke eine passende Mütze oder ein Stirnband!

Weihnachtsmix-Mütze

Größen
(Kleinkind) Kind (Erwachsener)

Maße
Kopfumfang: ca. (44-46) 50-52 (54-58) cm
Alle Maße beziehen sich auf das fertige Strickstück und sind entsprechend der Maschenprobe berechnet.

Garn
Schurwollgarn (100 % Schurwolle superwash, LL 100 m/50 g)

Farbvorschlag
(zweiter Farbvorschlag siehe Pullover-Anleitung auf Seite 26)
Farbe 1: Marineblau
Farbe 2: Weiß
Farbe 3: Rot
+ Reste in Schwarz und Orange

Garnverbrauch
Farbe 1: 100 g alle Größen
Farbe 2: 50 g alle Größen
Farbe 3: 50 g alle Größen
+ Reste in Schwarz und Orange

Nadeln
Rundstricknadeln 3,0 mm und 3,5 mm, 40 cm lang, und Nadelspiele 3,0 mm und 3,5 mm oder die passende Nadelstärke entsprechend der Maschenprobe

Maschenprobe
Im Muster mit Nd 3,5 mm
22 M und 28 Rd = 10 cm x 10 cm

Musterrapport zur Auswahl
siehe Seite 33

(98) 112 (126) M in Fb 1 mit Rundstricknd 3,0 mm anschl. In Rd glatt rechts so viele Rd str, wie es der ausgewählte Musterrapport in der Höhe vorsieht.. Wenn die Rd zu eng wird, die M auf das Ndspiel wechseln. 1 Rd linke M als Umschlagkante str. Zu Nd 3,5 mm wechseln und in Rd den Musterrapport str. Wenn dieser beendet ist, weiter in Fb 1 str, bis die Arbeit ca. (18) 19 (20) cm von der Umschlagkante lang ist. In der nächsten Rd * jeweils 2 M rechts zusammenstr, dann 1 Rd ohne Abnahmen; ab * 1x wdh. Den Faden abschneiden, durch die restlichen M ziehen und gut vernähen. Den unteren Abschnitt an der Umschlagkante nach innen einschlagen und von Hand annähen. Einen Pompon in passender Größe in Fb 3 anfertigen und an der Spitze der Mütze annähen.
Schneemann: Augen und Knöpfe mit schwarzen Knötchenstichen aufsticken. Für die Nase etwas größere Knötchenstiche in Orange sticken.
Die Kante nach innen einschlagen und mit kleinen Stichen locker an der Innenseite annähen.
Wenn die Mütze mit Rentieren gestrickt wird: Die Augen mit schwarzen Knötchenstichen aufsticken. Die Nase in Rot mit etwas größeren Knötchenstichen sticken.

Weihnachtsmix-Stirnband

Größen
(Kleinkind) Kind (Erwachsener)

Maße
Kopfumfang: ca. (44-46) 50-52 (54-58) cm
Alle Maße beziehen sich auf das fertige Strickstück und sind entsprechend der Maschenprobe berechnet.

Garn
Schurwollgarn (100 % Schurwolle superwash, LL 100 m/50 g)

Farbvorschlag
(zweiter Farbvorschlag siehe Pullover-Anleitung auf Seite 26)
Farbe 1: Blau
Farbe 2: Weiß

Garnverbrauch
Farbe 1: 50 g alle Größen
Farbe 2: 50 g alle Größen

Nadeln
Rundstricknadeln 3,0 mm und 3,5 mm oder die passende Nadelstärke entsprechend der Maschenprobe

Maschenprobe
Im Muster mit Nd 3,5 mm
22 M und 28 Rd = 10 cm x 10 cm

Musterrapport zur Auswahl
Alle Muster passen zu den angegebenen Maschenzahlen. Die Höhe des Stirnbands hängt vom gewählten Musterrapport ab.

In Fb 1 (92) 108 (120) M mit Rundstricknd 3,0 mm anschl. 2 M rechts, 2 M links so viele Rd str, wie es die Hälfte des gewählten Musterrapports verlangt. 1 Rd rechte M str und gleichzeitig (6) 4 (6) M gleichmäßig verteilt über die Rd zunehmen (= (98) 112 (126) M). Die nächste Rd wie folgt str: * 2 M rechts zusammenstr, 1 U, ab * fortlaufend wdh (= Umschlagkante). Zu Nd 3,5 mm wechseln und den gewählten Musterrapport in Rd str. Wenn dieser fertig ist, weiter in Fb 1 str und noch einmal eine Loch-R für die Umschlagkante wie am Anfang str. 1 Rd rechte M str und gleichzeitig (6) 4 (6) M gleichmäßig verteilt über die Rd abnehmen (= (92) 108 (120) M). Wieder zu Nd 3,0 mm wechseln und für das Bündchen 2 M rechts, 2 M links str, bis sich die beiden umgeschlagenen Bündchen auf der Rückseite an ihren Rändern berühren. Locker abk mit rechten und linken M und auf der Rückseite mit kleinen Stichen zusammennähen.

Wenn das Stirnband mit Schneemann oder Rentier gestrickt wird, näht man es nach dem Besticken zusammen.

Schneemann: Augen und Knöpfe mit schwarzen Knötchenstichen aufsticken. Für die Nase etwas größere Knötchenstiche in Orange sticken.

Rentier: Die Augen mit schwarzen Knötchenstichen aufsticken. Die Nase in Rot mit etwas größeren Knötchenstichen sticken.

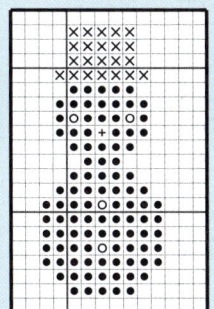
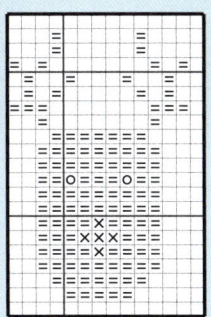
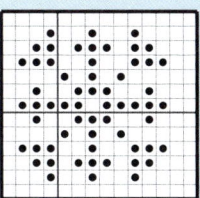

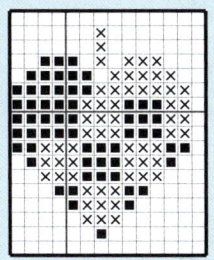
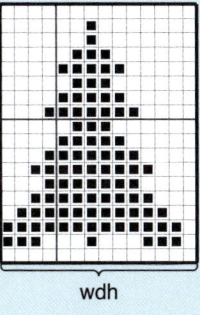

wdh

☐ Fb 1: Blau/Marineblau

■ Fb 2: Olivgrün

● Fb 3: Weiß

= Fb 4: Mittelbraun meliert

✕ Fb 5: Rot

○ Fb 6: Schwarz

+ Rest Orange

Augen und Nase der Rentiere sowie Augen, Nase und Knöpfe des Schneemanns werden zum Schluss aufgestickt.

Die 2 obersten M der Weihnachtsbäume und der Weihnachtsherzen am besten zum Schluss im M-Stich aufsticken.

Weihnachtsmix für den Hund

Auch unsere vierbeinigen Freunde feiern mit uns Weihnachten, dabei sollte ein kleiner Weihnachtspullover für den Hund nicht fehlen!

Größen
(XS) S (M)

Größenbeispiele für Hunderassen
XS = Chihuahua
S = Bichon Frisé
M = Cocker Spaniel

Maße
Oberweite: (28-32) 40-44 (50-54) cm
Rückenlänge: (24-26) 32-34 (40-42) cm
Alle Maße beziehen sich auf das fertige Strickstück und sind entsprechend der Maschenprobe berechnet.

Garn
Schurwollgarn (100 % Schurwolle superwash, LL 100 m/50 g)

Farbvorschlag
Farbe 1: Rot
Farbe 2: Olivgrün
Farbe 3: Weiß
Farbe 4: Mittelbraun meliert
+ kleiner Rest Schwarz
für die Augen der Rentiere

Garnverbrauch
Farbe 1: (100) 150 (150) g
Farbe 2: 50 g alle Größen
Farbe 3: 50 g alle Größen
Farbe 4: 50 g alle Größen
+ kleiner Rest Schwarz

Nadeln
Rundstricknadeln 3,0 mm und 3,5 mm, Nadelspiele 3,0 mm und 3,5 mm oder die passende Nadelstärke entsprechend der Maschenprobe

Maschenprobe
Im Muster B mit Nd 3,5 mm
22 M und 28 Rd = 10 cm x 10 cm

Vorder- und Rückenteil: Vor Strickbeginn zunächst den ganzen Abschnitt lesen, weil mehrere Dinge gleichzeitig beachtet werden müssen.
Der Hundepullover wird vom Hals nach unten gestrickt.
(64) 92 (112) M in Fb 1 zu Ndspiel 3,0 mm anschl. 2 M rechts, 2 M links über (6) 8 (10) cm str. Alle weiteren Maße werden ab hier gemessen.
Auf Rundstricknd 3,5 mm wechseln und 1 Rd glatt rechts str sowie gleichzeitig verteilt über die Rd (4) 4 (8) M abnehmen (= (60) 88 (104) M). Der Anfang der Rd liegt mittig unter dem Bauch. Nun in Muster A in Rd arb und am Pfeil der gewünschten Größe enden. Dann Muster B str, dabei den Anfangspfeil für diesen Musterrapport beachten und gleichzeitig über die 1. Rd verteilt (4) 8 (8) M zunehmen (= (64) 96 (112) M). Weiterstr, bis die Arbeit (4) 6 (9) cm lang ist, und dann für die Vorderbeine wie folgt aufteilen:
Die ersten (8) 8 (16) M auf einen Extrafaden setzen, das Muster weiter über die nächsten (47) 79 (79) M fortsetzen (= Rückenteil), dann die letzten (9) 9 (17) M auf den Faden setzen (= (17) 17 (33) M = unter dem Bauch). Weiter mit Muster B in Hin- und Rückr str, bis das Rückenteil (10) 14 (18) cm lang ist = die Öffnung für die Vorderbeine beträgt ca. (6) 8 (9) cm. Dann die M des Rückenteils auf einen Extrafaden setzen.
Nun die M vom Faden unter dem Bauch zurück auf die Nd schieben und auch hier mit Muster B solange weiterarb, bis das Teil so lang ist wie das Rückenteil. Dann wieder alle M zusammen auf die Nd setzen (= (64) 96 (112) M). Das Muster fertigstr und das restliche Stück in Fb 1 str. Wenn die Arbeit eine Länge von (16) 20 (25) cm hat, die nächste Rd wie folgt str: Die ersten (7) 8 (9) M abk, über die nächsten (49) 79 (93) M (= Rückenteil) wieder das Muster str und die letzten (8) 9 (10) M abk (= insgesamt (15) 17 (19) M mittig unter dem Bauch abgekettet).
Die Arbeit weiter in Hin- und Rückr fertigstr und gleichzeitig am Anfang jeder R auf jeder Seite wie folgt abnehmen: (1x) 3x (4x) 2 M, (8x) 8x (9x) 1 M, (1x) 3x (4x) 2 M und 1x 3 M (= (19) 33 (37) M.
Die restlichen M auf die Rundstricknd 3,0 mm setzen, in Fb 1 entlang der Abnahmekante M aufnehmen, sodass es insgesamt ca. (84) 112 (144) M sind, die M-Zahl muss durch 4 teilbar sein. Dann 2 M rechts, 2 M links über (2,5) 3 (3) cm in Rd str. Locker mit rechten und linken M abk.

Beine: An der einen Beinöffnung (36) 44 (52) M in Fb 1 mit Ndspiel 3,0 mm aufnehmen. Dann 2 M rechts, 2 M links in Rd str, bis die Beinlänge ca. (4) 5 (6) cm lang ist. Locker mit rechten und linken M abk. Das zweite Bein ebenso rund um die andere Öffnung str.

Fertigstellen: Die Augen der Rentierköpfe mit schwarzen Knötchenstichen sticken.
Am Hals wird das Bündchen beim Anziehen doppelt umgeschlagen.

Muster B

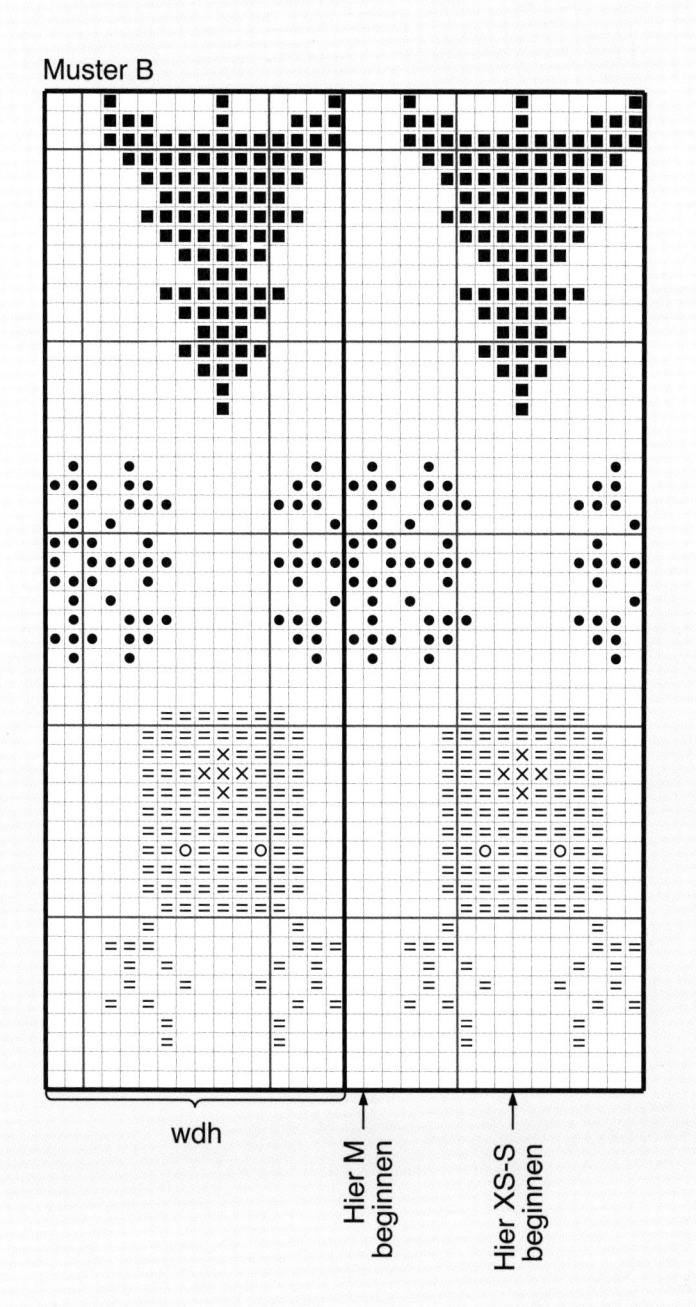

	Fb 1: Rot
■	Fb 2: Olivgrün
●	Fb 3: Weiß
=	Fb 4: Mittelbraun meliert
X	Fb 5: Rot
O	Fb 6: Schwarz

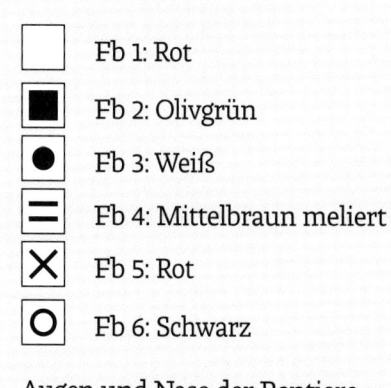

Augen und Nase der Rentiere werden zum Schluss aufgestickt.

Die 2 obersten M der Weihnachtsbäume und der Weihnachtsherzen am besten zum Schluss im M-Stich aufsticken.

Muster A

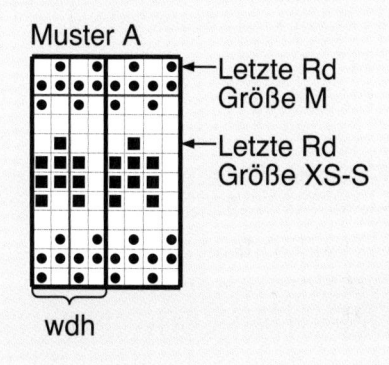

← Letzte Rd Größe M
← Letzte Rd Größe XS-S

wdh

Hier M beginnen
Hier XS-S beginnen

Weihnachtsmix-Strümpfe

Weiche, warme Weihnachtsstrümpfe sind nützlich und gemütlich für kalte Dezemberabende zu Hause im Wohnzimmer oder vor dem Kamin in der Hütte. Stricke doch auch ein Paar für deine Gäste zu Weihnachten!

Schuhgrößen
(35-37) 38-40 (41-43)

Maße
Kniestrümpfe
Fußlänge: (22) 24 (27) cm
Schaftlänge: ca. (44) 46 (48) cm
Socken
Fußlänge: (22) 24 (27) cm
Schaftlänge: ca. (24) 25 (27) cm
Alle Maße beziehen sich auf das fertige Strickstück und sind entsprechend der Maschenprobe berechnet.

Garn
Schurwollgarn (100 % Schurwolle superwash, LL 100 m/50 g)

Farbvorschlag
Modell 1
Farbe 1: Rot
Farbe 2: Olivgrün
Farbe 3: Weiß
Farbe 4: Mittelbraun meliert
+ kleiner Rest Schwarz
für die Augen der Rentiere
Modell 2
Farbe 1: Blau
Farbe 2: Olivgrün
Farbe 3: Weiß
Farbe 4: Mittelbraun meliert
+ kleiner Rest Schwarz und Rot
für Augen und Nase der Rentiere

Garnverbrauch
Kniestrümpfe
Farbe 1: (250) 250 (300) g
Farbe 2: 50 g alle Größen
Farbe 3: 50 g alle Größen
Farbe 4: 50 g alle Größen
+ kleiner Rest Schwarz
Socken
Farbe 1: 150 g alle Größen
Farbe 2: 50 g alle Größen
Farbe 3: 50 g alle Größen
Farbe 4: 50 g alle Größen
+ kleiner Rest Schwarz und Rot
für Augen und Nase der Rentiere

Zubehör
2 Maschenmarkierer

Nadeln
Nadelspiele 3,0 mm und 3,5 mm oder die passende Nadelstärke entsprechend der Maschenprobe

Maschenprobe
Im Muster mit Nd 3,5 mm
22 M und 28 Rd = 10 cm x 10 cm

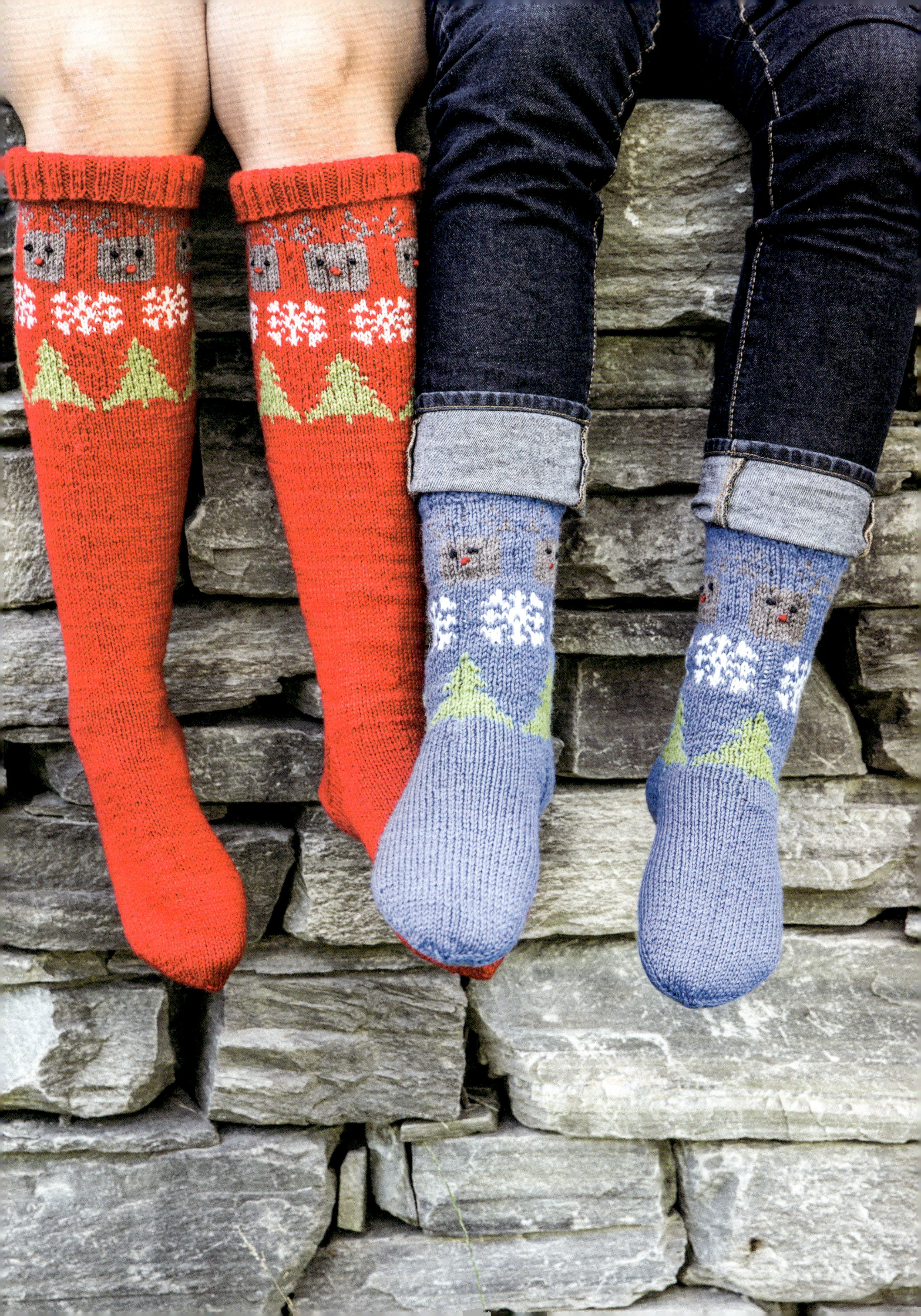

Kniestrümpfe

(84) 92 (100) M in Fb 1 mit der Ndspiel 3,0 mm anschl und gleichmäßig auf den Nd verteilen. 2 M rechts, 2 M links über 6 cm in Rd str. Zu Nd 3,5 mm wechseln und glatt rechts in Rd str sowie gleichzeitig (0) 8 (2) M gleichmäßig über die Rd verteilt abnehmen (= (84) 84 (98) M). Dann Muster A in Rd str, dabei am Anfangspfeil für die gewählte Größe beginnen. Nach dem Muster A weiter glatt rechts in Fb 1 in Rd str und am Anfang der Rd einen M-Markierer setzen.

1 M auf jeder Seite des M-Markierers abnehmen, dafür vor dem M-Markierer 2 M rechts zusammenstr und nach dem M-Markierer 2 M rechts verschränkt zusammenstr (= 2 M Abnahme). Diese Abnahmen in jeder 4. Rd insgesamt (17x) 15x (19x) wdh (= (50) 54 (60) M). Weiterstr, bis der Schaft ca. (44) 46 (48) cm lang ist.

Nun die Ferse in R über die ersten und letzten (12) 14 (16) M der Rd str (= (24) 28 (32) M für die Ferse insgesamt). Die übrigen M auf der 3. und 4. Nd des Ndspiels ruhen lassen (= M für den Mittelfuß).

Weiter glatt rechts in Hin-und Rückr (5) 5,5 (6) cm über die Fersen-M str, dann einen M-Markierer mittig auf die Ferse setzen und das Fersenkäppchen str.

Fersenkäppchen:

1. R (Hinr): Die M str, bis noch (7) 8 (9) M übrig sind, 2 M rechts verschränkt zusammenstr, wenden.
2. R (Rückr): Die M str, bis noch (7) 8 (9) M übrig sind, 2 M links verschränkt zusammenstr, wenden.
3. R (Hinr): Die M str, bis noch (6) 7 (8) M übrig sind, 2 M rechts verschränkt zusammenstr, wenden.
4. R (Rückr): Die M str, bis noch (6) 7 (8) M übrig sind, 2 M links verschränkt zusammenstr, wenden.

Die Abnahmen so weiterstr, bis nur noch 1 M vor den beiden Abnahme-M steht, sodass noch (12) 14 (16) M auf den Nd sind. Dann auf beiden Fersenseiten je (11) 12 (13) M aufnehmen und über die (26) 26 (28) M der 3. und 4. Nd weiter in Rd str (= (60) 64 (70) M). Je einen M-Markierer nach (26) 26 (28) M für jede Fußseite setzen. Glatt rechts in Rd weiterarb und dabei wie folgt abnehmen: Die 2 letzten M vor dem ersten M-Markierer auf dem Fuß rechts verschränkt zusammenstr und die ersten 2 M nach dem letzten M-Markierer auf dem Fuß rechts zusammenstr. Die Abnahmen in jeder 2. Rd insgesamt (8x) 8x (9x) wdh (= (44) 48 (52) M). Weiterstr, bis die Fußlänge (18) 20 (22) cm ab der Fersenmarkierung beträgt oder bis zur gewünschten Länge vor der Abnahme zur Spitze (= ca. (4) 4 (5) cm). Je 1 M-Markierer auf jede Seite setzen, sodass noch (22) 24 (26) M über und unter dem Fuß übrig bleiben. Glatt rechts weiterstr und gleichzeitig auf jeder Seite der beiden M-Markierer wie folgt abnehmen: Vor dem M-Markierer 2 M rechts zusammenstr. Nach dem M-Markierer 2 M rechts verschränkt zusammenstr. Die Abnahmen in jeder 2. Rd insgesamt (4x) 4x (5x) wdh und danach in jeder Rd (5x) 6x (6x) (= 8 M auf der Nd). Den Faden abschneiden, durch die restlichen M ziehen und sorgfältig vernähen.

Fertigstellen: Die Augen des Rentiers mit schwarzen Knötchenstichen sticken, mit etwas größeren Knötchenstichen in Rot die Nase sticken.

Muster A

☐ Fb 1: Rot
■ Fb 2: Olivgrün
● Fb 3: Weiß
= Fb 4: Mittelbraun meliert
✕ Fb 5: Rot
○ Fb 6: Schwarz

wdh

Die Rd am Pfeil für die gewählte Größe beginnen

Kniestrümpfe (35–37)38–40
Kniestrümpfe (41–43)

Augen und Nase der Rentiere werden zum Schluss aufgestickt.

Die 2 obersten M der Weihnachtsbäume am besten zum Schluss im M-Stich aufsticken.

Socken

(60) 64 (72) M in Fb 1 mit dem Ndspiel 3,0 mm anschl und gleichmäßig auf dem Ndspiel verteilen. 2 M rechts, 2 M links über (4) 5 (6) cm in Rd str. Zu Nd 3,5 mm wechseln und glatt rechts in Rd str sowie gleichzeitig (4) 8 (2) M gleichmäßig über die Rd verteilt abnehmen (= (56) 56 (70) M). Dann Muster A in Rd str, dabei am Anfangspfeil für die gewählte Größe beginnen. Nach dem Muster A weiter glatt rechts in Fb 1 (1) 1 (2) cm in Rd str. Dann (6) 2 (10) M gleichmäßig verteilt über die Rd abnehmen (= (50) 54 (60) M). Nun strickt man die Ferse über die ersten und letzten (12) 14 (16) M der Rd (= (24) 28 (32) M für die Ferse insgesamt). Die übrigen M der 3. und 4. Nd ruhen lassen (= M für den Mittelfuß). Weiter glatt rechts in Hin- und Rückr (5) 5,5 (6) cm über die Fersen-M str, dann einen M-Markierer mittig auf die Ferse setzen und das Fersenkäppchen str.

Fersenkäppchen:
1. R (Hinr): Die M str, bis noch (7) 8 (9) M übrig sind, 2 M rechts verschränkt zusammenstr, wenden.
2. R (Rückr): Die M str, bis noch (7) 8 (9) M übrig sind, 2 M links verschränkt zusammenstr, wenden.
3. R (Hinr): Die M str, bis noch (6) 7 (8) M übrig sind, 2 M rechts verschränkt zusammenstr, wenden.
4. R (Rückr): Die M str, bis noch (6) 7 (8) M übrig sind, 2 M links verschränkt zusammenstr, wenden.

Die Abnahmen so weiterstr, bis nur noch 1 M vor den beiden Abnahme-M steht, sodass noch (12) 14 (16) M auf der Nd sind. Dann auf beiden Fersenseiten je (11) 12 (13) M aufnehmen und über die (26) 26 (28) M der 3. und 4. Nd weiter in Rd str (= (60) 64 (70) M). Je einen M-Markierer nach (26) 26 (28) M für jede Fußseite setzen. Glatt rechts in Rd weiterarb und dabei wie folgt abnehmen: Die 2 letzten M vor dem ersten M-Markierer auf dem Fuß rechts verschränkt zusammenstr und die ersten 2 M nach dem letzten M-Markierer auf dem Fuß rechts zusammenstr. Die Abnahmen in jeder 2. Rd insgesamt (8x) 8x (9x) wdh (= (44) 48 (52) M). Weiterstr, bis die Fußlänge (18) 20 (22) cm ab der Fersenmarkierung beträgt oder bis zur gewünschten Länge vor der Abnahme zur Spitze (= ca. (4) 4 (5) cm). Je 1 M-Markierer auf jede Seite setzen, sodass noch (22) 24 (26) M über und unter dem Fuß übrig bleiben. Glatt rechts weiterstr und gleichzeitig auf jeder Seite der beiden M-Markierer wie folgt abnehmen: Vor dem M-Markierer 2 M rechts zusammenstr. Nach dem M-Markierer 2 M rechts verschränkt zusammenstr. Die Abnahmen in jeder 2. Rd insgesamt (4x) 4x (5x) wdh und danach in jeder Rd (5x) 6x (6x) (= 8 M auf der Nd). Den Faden abschneiden, durch die restlichen M ziehen und sorgfältig vernähen.

Fertigstellen: Die Augen des Rentiers mit schwarzen Knötchenstichen sticken, mit etwas größeren Knötchenstichen in Rot die Nase aufsticken.

Muster A

☐	Fb 1: Blau
■	Fb 2: Olivgrün
●	Fb 3: Weiß
=	Fb 4: Mittelbraun meliert
✕	Fb 5: Rot
○	Fb 6: Schwarz

wdh

Die Rd am Pfeil für die gewählte Größe beginnen

Socken (35–37)
38–40
Socken (41–43)

Augen und Nase der Rentiere werden zum Schluss aufgestickt.

Die 2 obersten M der Weihnachtsbäume am besten zum Schluss im M-Stich aufsticken.

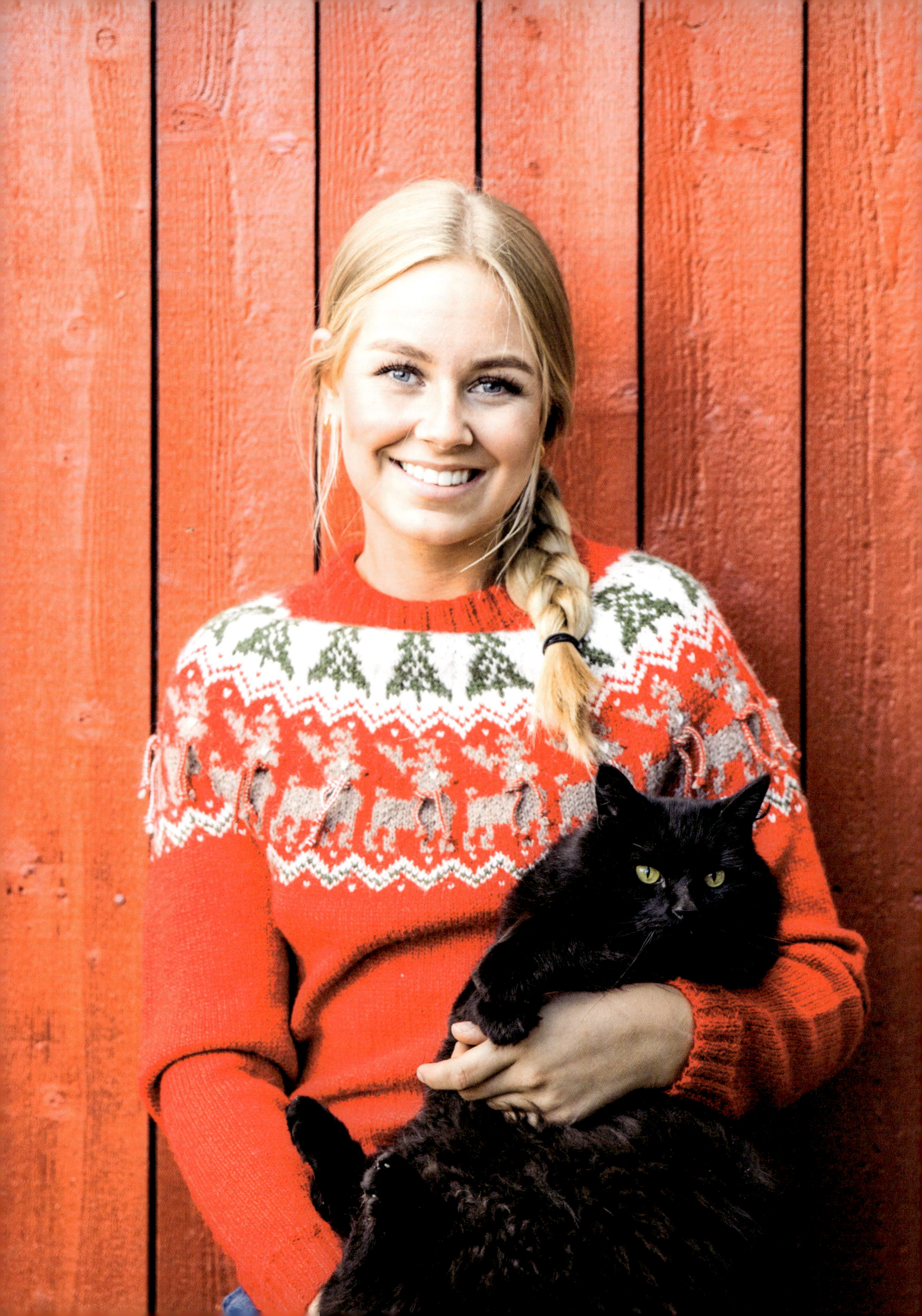

Nostalgie

Ein klassischer nordischer Pullover, der mit Rentieren und Tannenbäumen verziert ist. Er ist ein typisches Beispiel für die skandinavische Tradition der Weihnachtspullover. Die Rentiere sind hier mit witzigen kleinen Schals um den Hals geschmückt.

Damengrößen
(S) M (L) XL

Maße
Oberweite: (87) 96 (107) 116 cm
Länge: ca. (60) 62 (64) 66 cm
Ärmellänge: (44) 45 (46) 47 cm
Alle Maße beziehen sich auf das fertige Strickstück und sind entsprechend der Maschenprobe berechnet.

Garn
Alpakagarn (100 % Alpaka, LL 110 m/50 g)

Farbvorschlag
Farbe 1: Rot
Farbe 2: Moosgrün
Farbe 3: Natur
Farbe 4: Dunkelbeige meliert

Garnverbrauch
Farbe 1: (400) 450 (500) 550 g
Farbe 2: 50 g alle Größen
Farbe 3: (50) 50 (100) 100 g
Farbe 4: (50) 50 (100) 100 g

Zubehör
4 Maschenmarkierer
evtl. 1 Hilfsnadel

Nadeln
Rundstricknadeln 3,0 mm und 3,5 mm, Nadelspiele 3,0 mm und 3,5 mm oder die passende Nadelstärke entsprechend der Maschenprobe

Maschenprobe
Glatt rechts mit Nd 3,5 mm 22 M = 10 cm

Vorder- und Rückenteil: (192) 212 (236) 256 M in Fb 1 auf der Rundstricknd 3,0 mm anschl. Für das Bündchen 2 M rechts, 2 M links über 5 cm str. Dann auf die Rundstricknd 3,5 mm wechseln und auf jeder Seite nach (97) 107 (119) 129 M für das Vorderteil und nach (95) 105 (117) 127 M für das Rückenteil einen M-Markierer setzen. Glatt rechts in Rd weiterarb, bis die Arbeit ca. (37) 39 (40) 41 cm lang ist. Nun auf jeder Seite der Seitenmarkierungen 6 M abk; dann die Arbeit zur Seite legen und die Ärmel str.

Ärmel: (48) 52 (52) 56 M in Fb 1 zu Ndspiel 3,0 mm anschl. 2 M rechts, 2 M links über 5 cm str. Dann auf das Ndspiel 3,5 mm wechseln und glatt rechts in Rd str, dabei ca. alle 2 cm (16x) 17x (19x) 20x bei der ersten und letzten M der Rd je 1 M mit 2 M dazwischen zunehmen (= (80) (86) 90 96 M). Weiterstr, bis der Ärmel die angegebene oder gewünschte Länge hat und dann noch 11 M mittig unter dem Ärmel abk (6 M vor und 5 M nach Rd-Beginn). Die Arbeit zur Seite legen und den 2. Ärmel auf die gleiche Weise str.

Passe: Alle Teile wieder auf die Rundstricknd 3,5 mm in folgender Reihenfolge setzen: Rückenteil, 1. Ärmel, Vorderteil und 2. Ärmel (= (306) 338 (370) 402 M). Die Rd nun zwischen dem linken Ärmel und dem Rückenteil beginnen. Dort, wo sich die Teile treffen, 4 M-Markierer setzen. Weiter in Rd mit Muster A arb und 2 Rd str. Die Pfeile im Muster für die vordere Mitte, Mitte hinten und Mitte Ärmel beachten und abzählen, an welcher Stelle mit dem Muster an den verschiedenen Teilen begonnen werden muss. In der 2. Muster-Rd beginnen die Raglan-Abnahmen: Nach jedem M-Markierer 2 M rechts zusammenstr und vor jedem M-Markierer 2 M rechts verschränkt zusammenstr (= 8 M insgesamt). 1 Rd ohne Abnahmen str. Die Raglanabnahmen in jeder 2. Rd (3x) 4x (4x) 4x wdh (= (282) 306 (338) 370 M). Danach wird das Muster nach der Strickschrift gestrickt und abgenommen.

Achtung! Wenn die M für den Raglan abgenommen sind und die restlichen Musterbordüren gestrickt werden sollen, nur von der Mitte vorn den Anfang des Musters abzählen (nicht von der Mitte hinten und Mitte Ärmel). Am letzten Pfeil der Strickschrift sind es je nach gewünschter Größe noch (192) 204 (228) 240 M.

Die weiteren Abnahmen werden hier im Text angegeben, während das Muster fertig gestrickt wird. Danach strickt man in Rot weiter. (3) 3 (4) 4 Rd ohne Abnahmen str. In der nächsten Rd (32) 32 (36) 40 M gleichmäßig verteilt abnehmen (= (160) 172 (192) 200 M). Muster A fertigstr und danach in der (2.) 2. (3.) 4. Rd in Rot (32) 36 (40) 40 M gleichmäßig verteilt abnehmen (= (128) 136 (152) 160 M). 1 Rd ohne Abnahmen str. In der nächsten Rd die mittleren 25 M des Vorderteils für den Halsausschnitt auf einen Extrafaden oder eine Hilfsnd setzen. In Hin- und Rückr arb und am Anfang der nächsten 6 R jeweils 8 M auf den Faden/die Hilfsnd setzen (= 24 M auf jeder Seite). Dann alle M auf die Rundstricknd setzen. 4 Rd rechts str, dabei gleichzeitig in der 1. Rd (116) 120 (120) 124 M gleichmäßig verteilt abk. Auf die Rundstricknd 3,0 mm wechseln und für den Ausschnitt 8 cm in Rd 2 M rechts, 2 M links str. Danach locker mit rechten und linken M abk.

Fertigstellen: Den Halsausschnitt doppelt nach innen umschlagen und locker an der Innenseite annähen. Die Ärmelöffnungen schließen.
Die Augen der Rentiere in Naturfarbe im M-Stich aufsticken. Für jedes Rentier eine rote Nase mit Knötchenstich sticken.

Schal 1: Kleine Luftmaschenschnüre in passender Länge mit zwei Fb/Fäden fingerhäkeln.
Schal 2: Eine Schnur aus 2 Fäden in gewünschten Fb drehen. In passender Länge abknoten und zwischen den Knoten abschneiden.
Die Schals zwischen den M vor und hinter dem Hals der Rentiere durchziehen und einen kleinen Knoten schlingen, siehe Foto.

○ Fb 1: Rot 　　　□ Fb 3: Natur 　　　╲ 2 M rechts zusammenstr

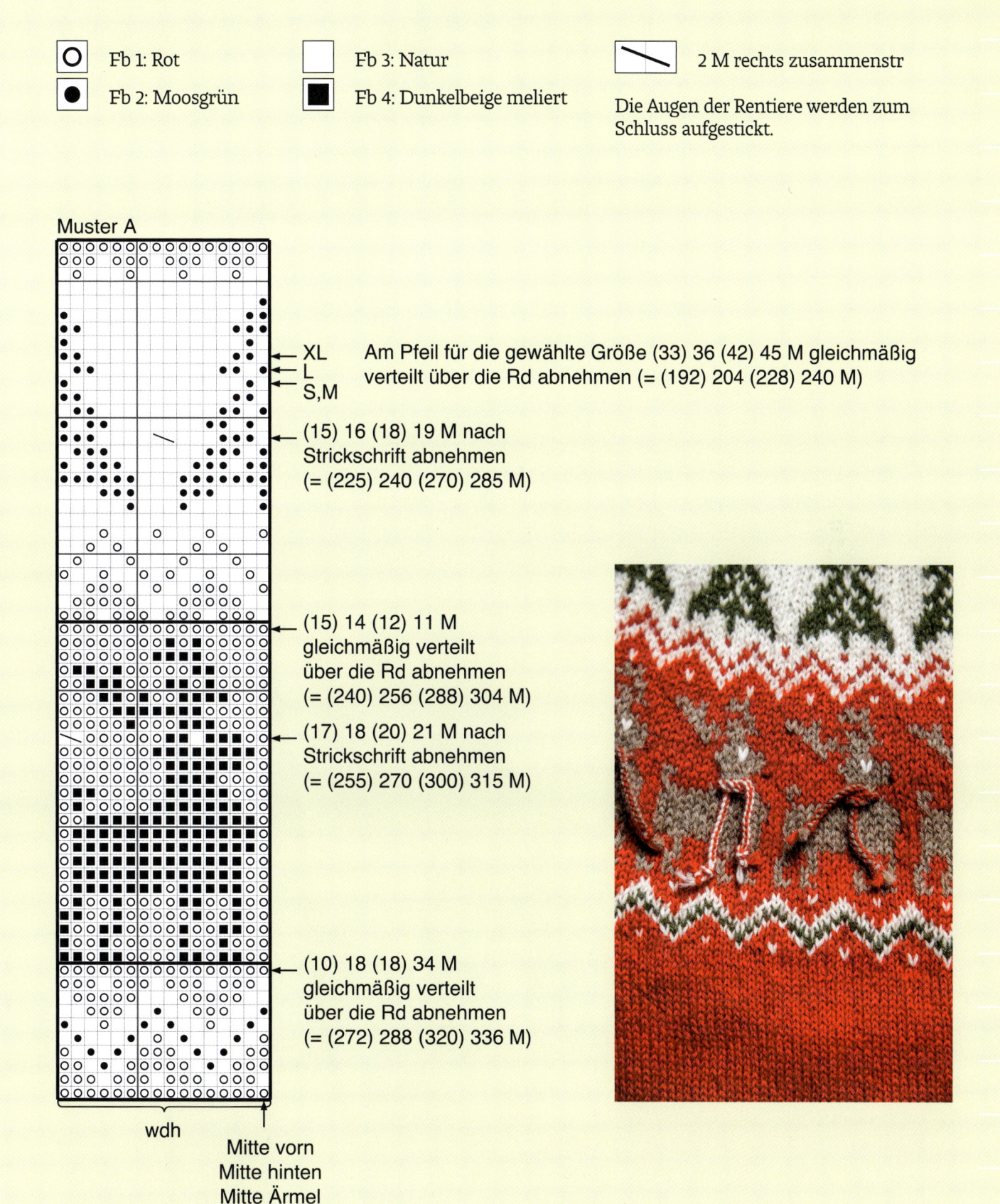

● Fb 2: Moosgrün 　■ Fb 4: Dunkelbeige meliert

Die Augen der Rentiere werden zum Schluss aufgestickt.

Muster A

← XL
← L
← S,M

Am Pfeil für die gewählte Größe (33) 36 (42) 45 M gleichmäßig verteilt über die Rd abnehmen (= (192) 204 (228) 240 M)

← (15) 16 (18) 19 M nach Strickschrift abnehmen (= (225) 240 (270) 285 M)

← (15) 14 (12) 11 M gleichmäßig verteilt über die Rd abnehmen (= (240) 256 (288) 304 M)

← (17) 18 (20) 21 M nach Strickschrift abnehmen (= (255) 270 (300) 315 M)

← (10) 18 (18) 34 M gleichmäßig verteilt über die Rd abnehmen (= (272) 288 (320) 336 M)

wdh

Mitte vorn
Mitte hinten
Mitte Ärmel

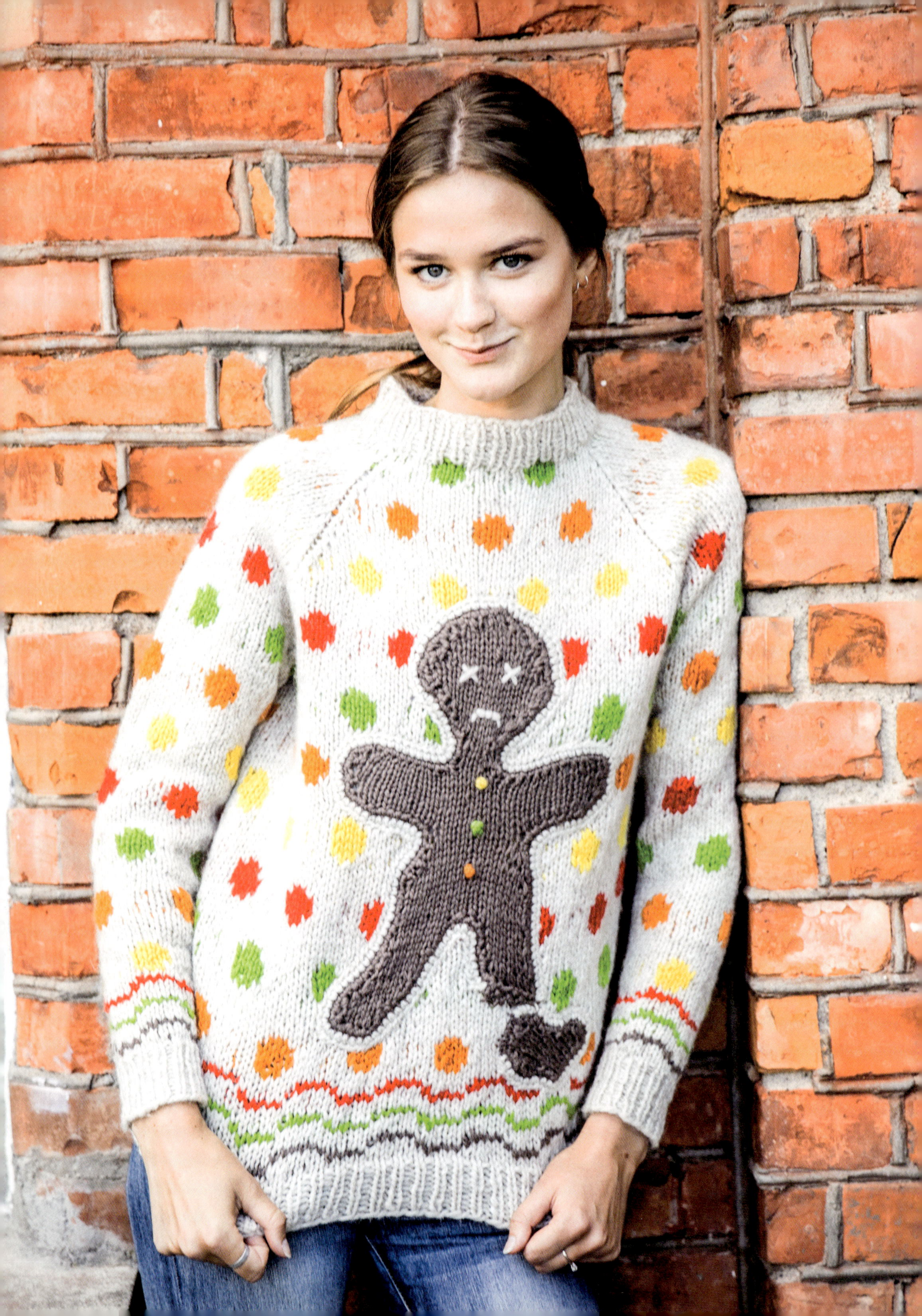

Pfefferkuchenmann

Der Pfefferkuchenmann überlebt die Weihnachtstage selten. Hier hat ihm sogar schon jemand den Fuß angeknabbert. Kein Wunder, dass er etwas erschrocken schaut. Von bunten Punkten umgeben, ist er trotzdem süß. Das ist der richtige Pullover für alle Weihnachtsschleckermäulchen.

Unisex-Größen
(XS) S (M) L (XL) XXL

Maße
Oberweite: (86) 93 (100) 107 (114) 121 cm
Länge: (62) 64 (66) 68 (70) 72 cm
Ärmellänge: (46) 47 (48) 49 (50) 51 cm
Alle Maße beziehen sich auf das fertige Strickstück und sind entsprechend der Maschenprobe berechnet.

Garn
Schurwollgarn (100 % Schurwolle, LL 70 m/50 g)

Farbvorschlag
Farbe 1: Natur meliert
Farbe 2: Mittelbraun
Farbe 3: Grün
Farbe 4: Rot
Farbe 5: Orange
Farbe 6: Gelb

Garnverbrauch
Farbe 1: (400) 450 (500) 550 (600) 650 g
Farbe 2: 50 g alle Größen
Farbe 3: (50) 50 (100) 100 (100) 100 g
Farbe 4: (50) 50 (100) 100 (100) 100 g
Farbe 5: (50) 50 (100) 100 (100) 100 g
Farbe 6: (50) 50 (100) 100 (100) 100 g

Zubehör
4 Maschenmarkierer

Nadeln
Rundstricknadel 6,0 mm und Nadelspiel 6,0 mm oder die passende Nadelstärke entsprechend der Maschenprobe
Häkelnadel 5,0 mm

Maschenprobe
Glatt rechts mit Nd 6,0 mm 14 M = 10 cm

Vorder- und Rückenteil: (120) 130 (140) 150 (160) 170 M in Fb 1 auf der Rundstricknd 6,0 mm anschl. Bündchen über 5 cm in Rd mit 1 M rechts, 1 M links str. Dann 1 Rd rechts str und auf jeder Seite nach (60) 66 (70) 76 (80) 86 M für das Vorderteil und nach (60) 64 (70) 74 (80) 84 M für das Rückenteil einen M-Markierer setzen. Muster A in Rd str, dabei die Rd am Pfeil für die gewählte Größe beginnen. Die Rd beginnen auf der linken Seite. Danach mit Muster B weiterstr, bis die Arbeit (41) 42 (43) 44 (45) 46 cm lang ist. Auf jeder Seite der Seitenmarkierungen 4 M beim Vorderteil und (4) 3 (4) 3 (4) 3 M auf jeder Seite des M-Markierers für das Rückenteil abnehmen (= (52) 58 (62) 68 (72) 78 M) für jedes Teil. Die Arbeit zur Seite legen und die Ärmel str.

Ärmel: Achtung! Vor Strickbeginn zunächst den ganzen Abschnitt lesen, weil mehrere Dinge gleichzeitig beachtet werden müssen.
(28) 30 (32) 34 (36) 38 M in Fb 1 zu Ndspiel 6,0 mm anschl. Bündchen über 5 cm in Rd 1 M rechts, 1 M links str. Dann in Rd Muster A str. Vom Pfeil aus zählen, der die Ärmelmitte markiert, wo im Muster begonnen wird. Nach Muster A wird Muster B gestrickt, wobei der Pfeil auf der linken Seite zeigt, wo im Muster begonnen wird (wegen der Punkte muss man auf derselben Musterhöhe enden wie beim Rumpfteil, weil die Teile dann zusammengesetzt werden). Nach dem Bündchen fortlaufend zunehmen, 1 M am Anfang und Ende der Rd und mit 2 M dazwischen ca. alle 3,5 cm 11x (= (50) 52 (54) 56 (58) 60 M). Weiterstr, bis der Ärmel die angegebene Länge hat und mit derselben Rd in Muster B enden wie beim Vorder- und Rückenteil. Noch 8 M mittig unter dem Ärmel abk (= (42) 44 (46) 48 (50) 52 M). Die Arbeit zur Seite legen und den zweiten Ärmel str.

Raglan: Alle Teile in der folgenden Reihenfolge auf die Rundstricknd 6,0 mm setzen: Rückenteil, 1. Ärmel, Vorderteil, 2. Ärmel (= (188) 204 (216) 232 (244) 260 M). Die Rd nun zwischen dem linken Ärmel und dem Rückenteil beginnen. Dort, wo sich die Teile treffen, 4 M-Markierer setzen. Weiter 1 Rd mit Muster B str und danach für den Raglan wie folgt abnehmen: Nach jedem M-Markierer 2 M rechts zusammenstr und vor jedem M-Markierer 2 M rechts verschränkt zusammenstr (= 8 M insgesamt). 1 Rd ohne Abnahmen str. Die Raglanabnahmen in jeder 2. Rd (18x) 19x (20x) 21x (22x) 23x wdh (= (44) 52 (56) 64 (68) 76 M). Danach wird der Halsausschnitt gestrickt, der am schönsten aussieht, wenn er nach einem ganzen oder einem halben Punkt-Musterrapport beginnt. Weiter in Fb 1 in Rd 3 bis 4 cm 1 M rechts, 1 M links str und dann locker abk.

Fertigstellen: Die Ärmelöffnungen schließen.

Pfefferkuchenmännchen: Das Männchen mit dem angeknabberten Fuß in Fb 2 mit Nd 6,0 mm in R nach der Strickschrift str. Zum Schluss mit einer Rd fM in Fb 1 umhäkeln. Mit großen Knötchenstichen in einer Fb nach Wahl die Knöpfe sticken sowie Mund und Augen in Fb 1 nach dem Foto sticken. Zum Schluss das Pfefferkuchenmännchen auf das Vorderteil nähen.

Ärmel hier beginnen

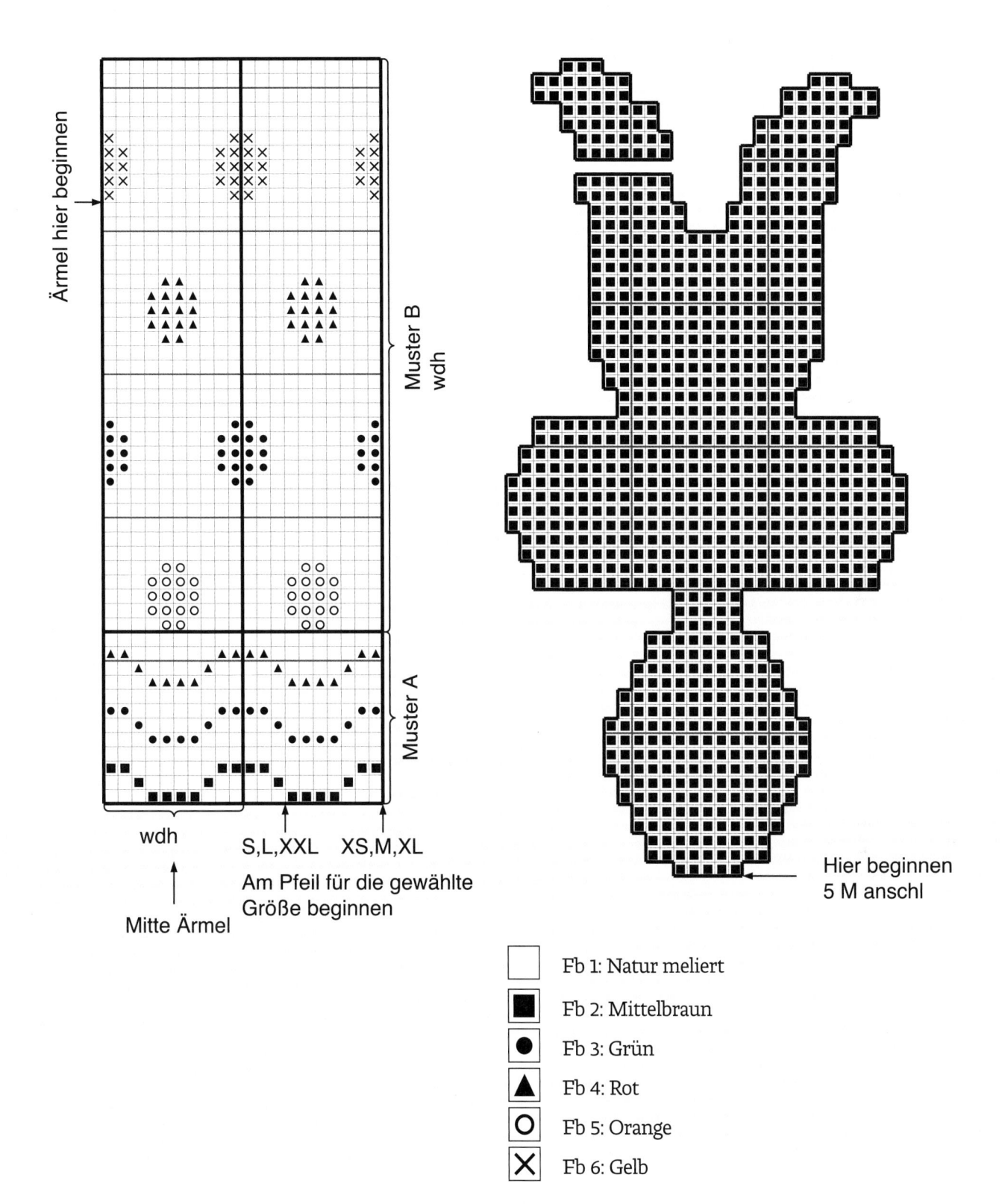

Muster B
wdh

Muster A

wdh   S,L,XXL   XS,M,XL

↑
Mitte Ärmel

Am Pfeil für die gewählte Größe beginnen

Hier beginnen
5 M anschl

	Fb 1: Natur meliert
■	Fb 2: Mittelbraun
●	Fb 3: Grün
▲	Fb 4: Rot
○	Fb 5: Orange
×	Fb 6: Gelb

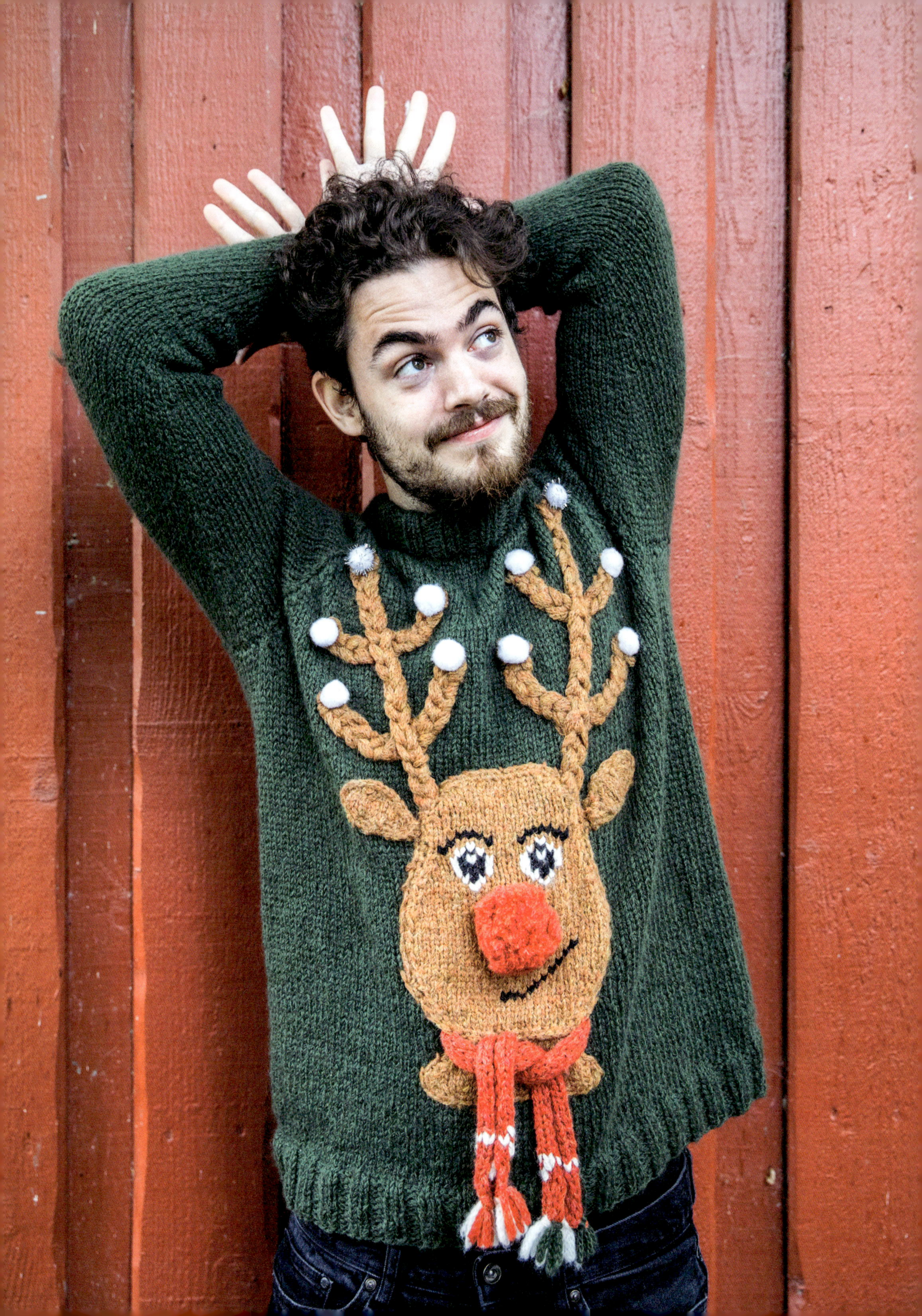

Rudolf

Colin Firths legendärer Rentier-Pullover im Film »Bridget Jones, Schokolade zum Frühstück« war ein Auslöser dafür, dass die Christmas-Pullis zur Jahrtausendwende ein neuer Modetrend wurden. Hier kommt unsere Version in einem leichten, luftigen Alpakagarn.

Unisex-Größen
(XS) S (M) L (XL) XXL

Maße
Oberweite: (85) 93 (101) 109 (117) 125 cm
Länge: ca. (62) 64 (66) 68 (70) 72 cm
Ärmellänge: (48) 49 (50) 51 (52) 53 cm
Alle Maße beziehen sich auf das fertige Strickstück und sind entsprechend der Maschenprobe berechnet.

Garn
Alpakagarn (100 % Alpaka, LL 100 m/50 g)

Farbvorschlag
Farbe 1: Dunkeloliv meliert
Farbe 2: Rost
Farbe 3: Orangerot meliert
Farbe 4: Natur
Farbe 5: Schwarz

Garnverbrauch
Farbe 1: (450) 500 (550) 600 (650) 700 g
Farbe 2: 100 g alle Größen
Farbe 3: 50 g alle Größen
Farbe 4: 50 g alle Größen oder Reste
Farbe 5: 50 g alle Größen oder Reste

Zubehör
Weiße Pompons zum Verzieren des Geweihs

Zubehör
4 Maschenmarkierer

Nadeln
Rundstricknadel 7,0 mm und Nadelspiel 7,0 mm oder die passende Nadelstärke entsprechend der Maschenprobe
Häkelnadel 4,5 mm

Maschenprobe
Glatt rechts mit Nd 7,0 mm 15 M = 10 cm

Vorder- und Rückenteil: (128) 140 (152) 164 (176) 188 M in Fb 1 mit der Rundstricknd 7,0 mm anschl. Für das Bündchen in Rd 5 cm 2 M rechts, 2 M links str. Dann 1 Rd rechts str und auf jede Seite nach (64) 70 (76) 82 (88) 94 M für jedes Teil jeweils einen M-Markierer setzen. Weiter in Rd str, bis die Arbeit (41) 42 (43) 44 (45) 46 cm lang ist. Auf jeder Seite der Seitenmarkierungen 4 M abnehmen (= (56) 62 (68) 74 (80) 86 M für jedes Teil). Die Arbeit zur Seite legen und die Ärmel str.

Ärmel: (28) 28 (32) 32 (36) 36 M in Fb 1 zu Ndspiel 7,0 mm anschl. 2 M rechts, 2 M links über 5 cm str. Dann glatt rechts in Rd str, dabei ca. alle 3 cm (13x) 14x (13x) 14x (13x) 14x bei der ersten und letzten M der Rd je 1 M mit 2 M dazwischen zunehmen (= (54) 56 (58) 60 (62) 64 M). Weiterstr, bis der Ärmel die angegebene oder gewünschte Länge hat und dann noch 8 M mittig unter dem Ärmel abk (= (46) 48 (50) 52 (54) 56 M). Die Arbeit zur Seite legen und den zweiten Ärmel auf die gleiche Weise str.

Raglan: Alle Teile in der folgenden Reihenfolge auf die Rundstricknd 7,0 mm setzen: Rückenteil, 1. Ärmel, Vorderteil, 2. Ärmel (= (204) 220 (236) 252 (268) 284 M). Die Rd nun zwischen dem linken Ärmel und dem Rückenteil beginnen. Dort, wo sich die Teile treffen, 4 M-Markierer setzen. Weiter in Rd glatt rechts str. 1 Rd str. In der nächsten Rd wie folgt abnehmen: Nach jedem M-Markierer 2 M rechts zusammenstr und vor jedem M-Markierer 2 M rechts verschränkt zusammenstr (= 8 M insgesamt). 1 Rd ohne Abnahmen str. Die Raglanabnahmen in jeder 2. Rd (14x) 15x (16x) 17x (18x) 19x wdh (= (28) 32 (36) 40 (44) 48 M am Vorderteil). Dann die mittleren (10) 12 (12) 14 (14) 16 M am Vorderteil für den Halsausschnitt abk, die Rd bis zum Anfang weiterstr und den Faden abschneiden. Danach an der rechten Seite der vorderen Mitte am Halsausschnitt weiterarb. Nun in Hin- und Rückr glatt rechts str und die Raglanabnahmen wie vorher fortsetzen. Dabei gleichzeitig für den Halsausschnitt am Anfang jeder R 2x 2 M auf beiden Seiten bei allen Größen abnehmen. Danach noch 1x 1 M am Beginn jeder R für den Halsausschnitt abnehmen, bis man auf die Raglanabnahme trifft.

Halsausschnitt: In Fb 1 die restlichen M abstr und entlang der Abnahmekante jeweils ca. 7 bis 8 M je 5 cm aufnehmen. Die gesamte M-Zahl muss durch 4 teilbar sein. Dann in Rd 2 M rechts, 2 M links ca. 8 cm str. Die Blende locker mit jeweils rechten und linken M abk. Dann innen doppelt einschlagen und an der Innenseite annähen.

Fertigstellen: Ärmelöffnungen schließen.

Rentierkopf: Den Hals, Rentierkopf, Ohren jeweils separat nach den eingerahmten Stellen in der Strickschrift in Fb 2 mit Nd 7,0 mm arb. Danach mit 1 Rd fM in Fb 2 umhäkeln. Mund, Augen und Augenbrauen zum Schluss im M-Stich aufsticken.
Für die Nase einen Pompon von ca. 6 cm Durchmesser in Fb 3 anfertigen und in passendem Abstand zwischen Augen und Mund anbringen. Die Teile passend auf dem Vorderteil oberhalb des Bündchens annähen (siehe Foto), aber zwischen Kopf und Hals einen kleinen Zwischenraum lassen, damit der Schal hier geknotet werden kann. Auch an der Oberseite des Kopfes eine kleine Öffnung für das Geweih lassen.

Schal: 11 M in Fb 3 mit Nd 7,0 mm anschl. 1 R 1 M rechts, 1 M links str und mit 1 M rechts enden. Die nächsten R mustergemäß str, bis das Bündchen ca. 1,5 cm hoch ist. Dann in R glatt rechts das Schalmuster in Fb 3 weiterstr, bis der Schal ca. 50 cm lang ist. Danach noch einmal ein Bündchen wie am Anfang str und jeweils mit rechten und linken M abk. An die Enden Fransen in beliebigen Fb knüpfen. Den Schal um den Hals des Rentiers knoten.

Geweih: 2 lange und 4 kürzere Zöpfe in Fb 2 herstellen:
1. Lm-Kette mit 6-fachem Garn fingerhäkeln, oder
2. Drei Ketten aus doppeltem Garn drehen, die danach zur Schnur geflochten werden, oder
3. Ketten aus 6-fachem Garn flechten.
Die 2 langen Zöpfe direkt an das obere Kopfende des Rentiers anlegen. Die kürzeren Zöpfe V-förmig unter die langen Zöpfe legen (siehe Foto). Die Zöpfe auf dem Vorderteil aufnähen und oben am Rentierkopf festnähen. An jedem Geweihende noch einen Pompon befestigen.

Tipp: Die Garnenden mit dünnem Nähgarn an den Zöpfen vernähen. Die Pompons können eventuell angeklebt werden.

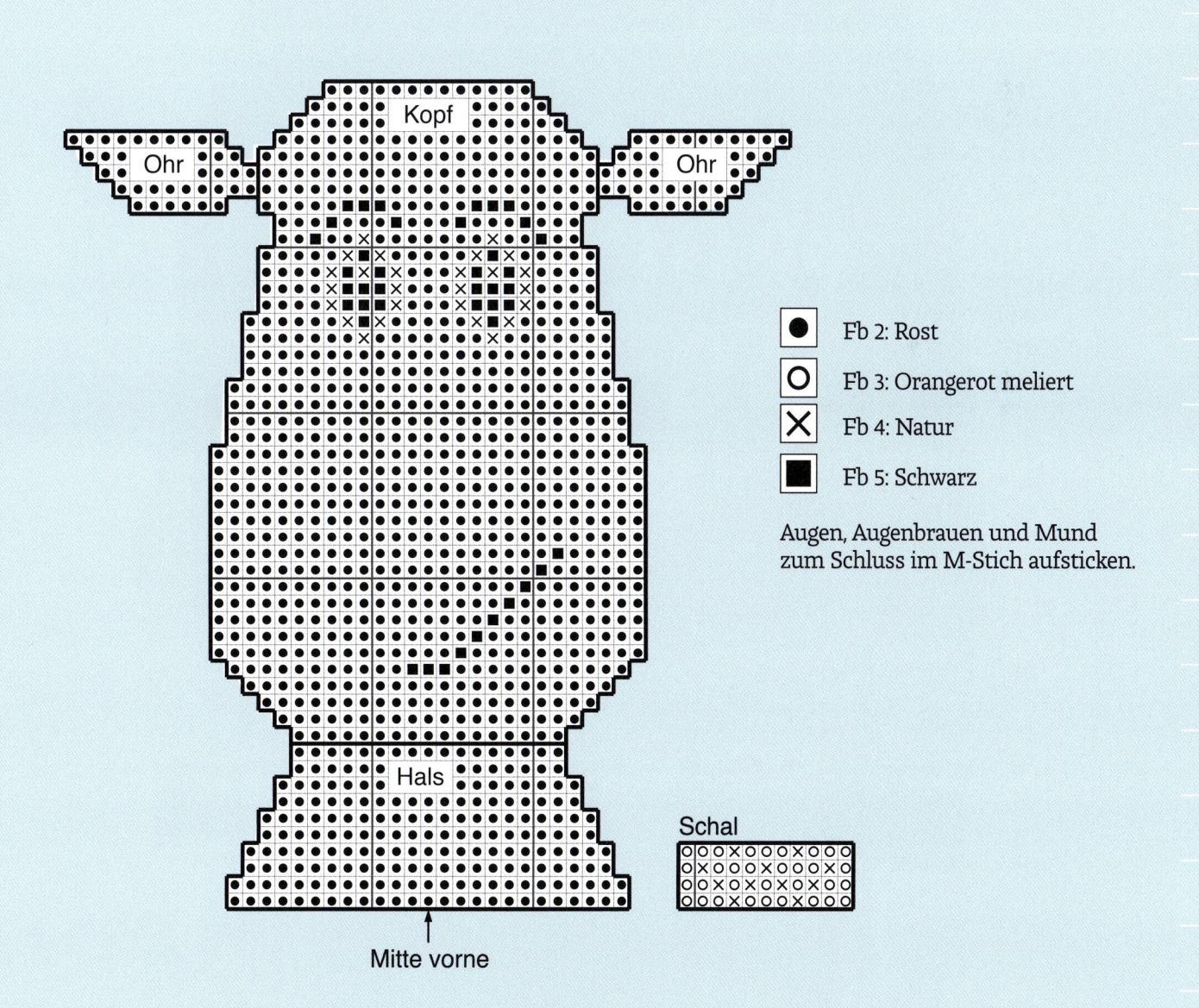

- ● Fb 2: Rost
- ○ Fb 3: Orangerot meliert
- ✕ Fb 4: Natur
- ■ Fb 5: Schwarz

Augen, Augenbrauen und Mund zum Schluss im M-Stich aufsticken.

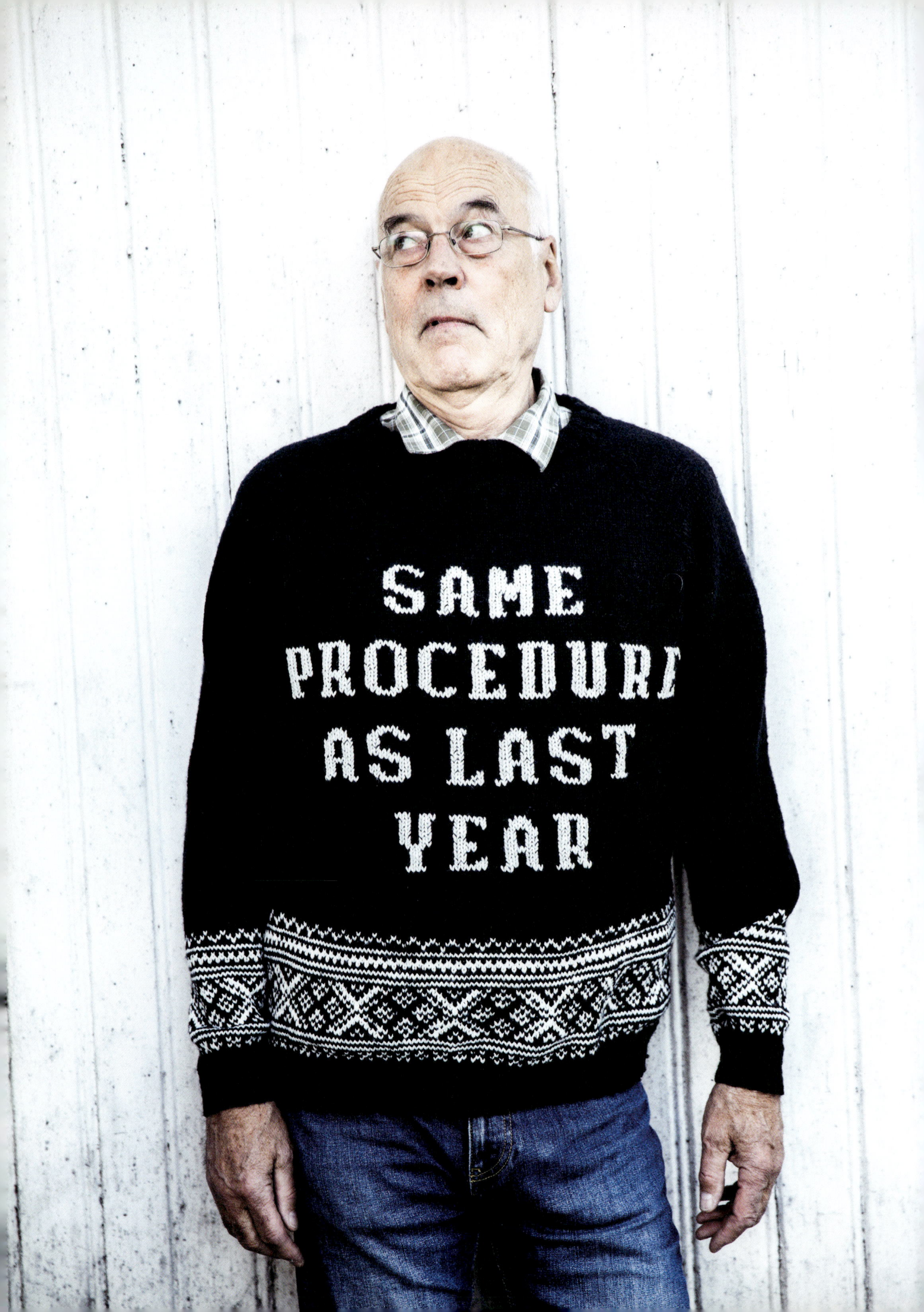
SAME
PROCEDURE
AS LAST
YEAR

Alle Jahre wieder

Den Ausspruch »Same procedure as last year« kennt irgendwie jeder. Während »Dinner for one« bei uns zum Silvester-Klassiker geworden ist, sehen es die Norweger seit 1980 immer am 23.12. Ein Pullover also mit längerer Tragemöglichkeit …

Unisex-Größen
(XS-S) M (L) XL (XXL)

Maße
Oberweite: (91) 100 (109) 118 (127) cm
Länge: (62) 64 (66) 68 (70) cm
Ärmellänge: (46) 47 (48) 49 (50) cm
Alle Maße beziehen sich auf das fertige Strickstück und sind entsprechend der Maschenprobe berechnet.

Garn
Schurwollgarn (100 % Schurwolle superwash, LL 106 m/50 g)

Farbvorschlag
Farbe 1: Schwarz
Farbe 2: Weiß

Garnverbrauch
Farbe 1: (500) 550 (600) 650 (700) g
Farbe 2: (100) 100 (150) 150 (150) g

Zubehör
4 Maschenmarkierer

Nadeln
Rundstricknadeln 3,0 mm und 3,5 mm, Nadelspiele 3,0 mm und 3,5 mm oder die passende Nadelstärke entsprechend der Maschenprobe

Maschenprobe
Glatt rechts mit Nd 3,5 mm 22 M = 10 cm

Vorder- und Rückenteil: (200) 224 (240) 264 (280) M in Fb 1 auf der Rundstricknd 3,0 mm anschl. Das Bündchen in Rd 2 M rechts, 2 M links 6 cm str. Auf die Rundstricknd 3,5 mm wechseln und 1 Rd rechte M str. Die Rd auf der linken Seite beginnen und in Rd Muster A str. In der letzten Rd von Muster A 4 M gleichmäßig verteilt über die Rd für die Größen M und XL abnehmen (= (200) 220 (240) 260 (280) M). Nun Muster B str und beim Pfeil für die gewählte Größe beginnen. Danach in Fb 1 weiterarb bis auf eine Höhe von (42) 43 (44) 45 (46) cm. Nun 5 M abnehmen, (90) 100 (110) 120 (130) M str, die nächsten 10 M abk, (90) 100 (110) 120 (130) M str und die nächsten 5 M abk. Die Arbeit zur Seite legen und die Ärmel str.

Ärmel: (44) 48 (48) 52 (52) M in Fb 1 mit Ndspiel 3,0 mm anschl. 5 cm in Rd 2 M rechts, 2 M links str. Zu Ndspiel 3,5 mm wechseln und 1 Rd rechts str sowie gleichzeitig (53) 55 (57) 59 (61) M gleichmäßig verteilt zunehmen. In Rd Muster A und Muster B str, dabei die Pfeile beachten, die die Ärmelmitte markieren und ausrechnen, wo seitlich davon das Muster beginnt. 1 M am Anfang und Ende der Rd sowie ca. alle 2 cm 2 M (16x) 17x (18x) 19x (20x) zunehmen (= (85) 89 (93) 97 (101) M). Wenn Muster B beendet ist, in Fb 1 weiterstr, bis der Ärmel die angegebene oder die gewünschte Länge hat. Noch 10 M mittig unter dem Ärmel abk (= (75) 79 (83) 87 (91) M). Die Arbeit zur Seite legen und den zweiten Ärmel auf die gleiche Weise str.

Raglan: Alle Teile in der folgenden Reihenfolge auf die Rundstricknd 3,5 mm setzen: Rückenteil, 1. Ärmel, Vorderteil, 2. Ärmel (= (330) 358 (386) 414 (442) M). Die Rd nun zwischen dem linken Ärmel und dem Rückenteil beginnen. Dort, wo sich die Teile treffen, 4 M-Markierer setzen. Weiter in Rd 2 Rd in Fb 1 str. In der nächsten Rd wie folgt abnehmen: Nach jedem M-Markierer 2 M rechts zusammenstr und vor jedem M-Markierer 2 M rechts verschränkt zusammenstr (= 8 M insgesamt). 1 Rd ohne Abnahmen str. Die Raglanabnahmen in jeder 2. Rd (25x) 26x (27x) 29x (30x) wdh (= (130) 142 (162) 182 (202) M). Dann die mittleren (12) 14 (16) 18 (22) M am Vorderteil für den Halsausschnitt abnehmen und weiter in Hin- und Rückr str. Für den Hals am Anfang jeder R an jeder Seite (4, 3, 2) 4, 3, 2 (4, 3, 2, 2) 4, 4, 3, 2 (4, 4, 3, 2, 1) M und gleichzeitig weiter für den Raglan abnehmen. Danach noch 1x 1 M am Beginn der R für den Halsausschnitt abnehmen, um dann auf die Raglanabnahme zu treffen. Auf die Nd 3,0 mm wechseln und weiter in Fb 1 die Blende am Ausschnitt arb. Auf dem abgenommenen Ausschnitt 10 bis 11 M je 5 cm aufnehmen; die M-Zahl muss durch 4 teilbar sein. In Rd 7 cm mit 2 M rechts, 2 M links str. Die Blende locker mit jeweils rechten und linken M abk, nach innen doppelt umschlagen und annähen.

Fertigstellen: Die Ärmelöffnungen schließen. Schrift auf dem Pullover: Die Buchstaben auf dem Vorderteil im M-Stich in Fb 2 aufsticken (siehe Foto und Stickschrift). Jede Zeile möglichst zentriert auf dem Vorderteil platzieren. Jeder Buchstabe geht über 14 Rd (= ca. 5 cm). Davon ausgehend ausrechnen, wieviel Platz zwischen den Textzeilen und wieviel Abstand zum Musterrapport unten sein soll.
Bei den kleinsten Größen müssen die Buchstaben von PROCEDURE etwas enger als 3 M Zwischenraum stehen, weil sonst die Zeile nicht auf das Vorderteil passt.

SAME
PROCEDURE
AS LAST
YEAR

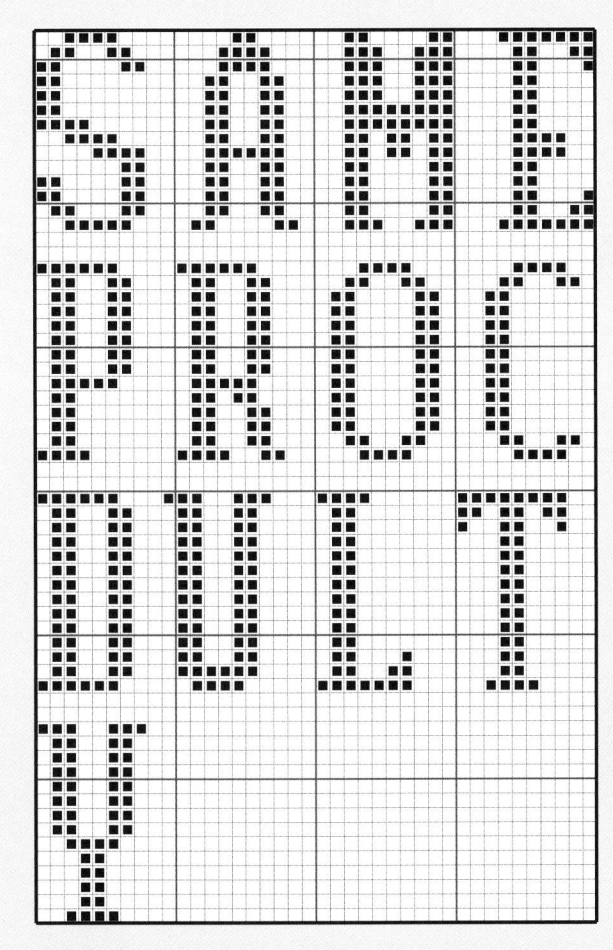

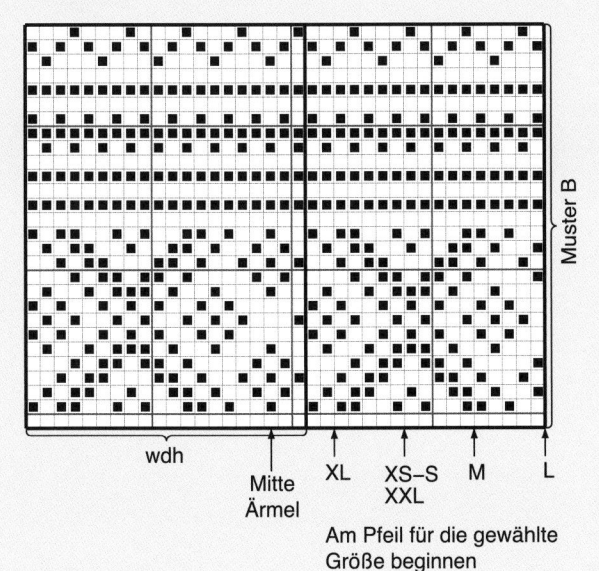

	Fb 1: Schwarz
■	Fb 2: Weiß

Muster B — wdh | Mitte Ärmel | XL | XS–S / XXL | M | L
Am Pfeil für die gewählte Größe beginnen

Muster A — wdh | Mitte Ärmel | Alle Größen hier beginnen

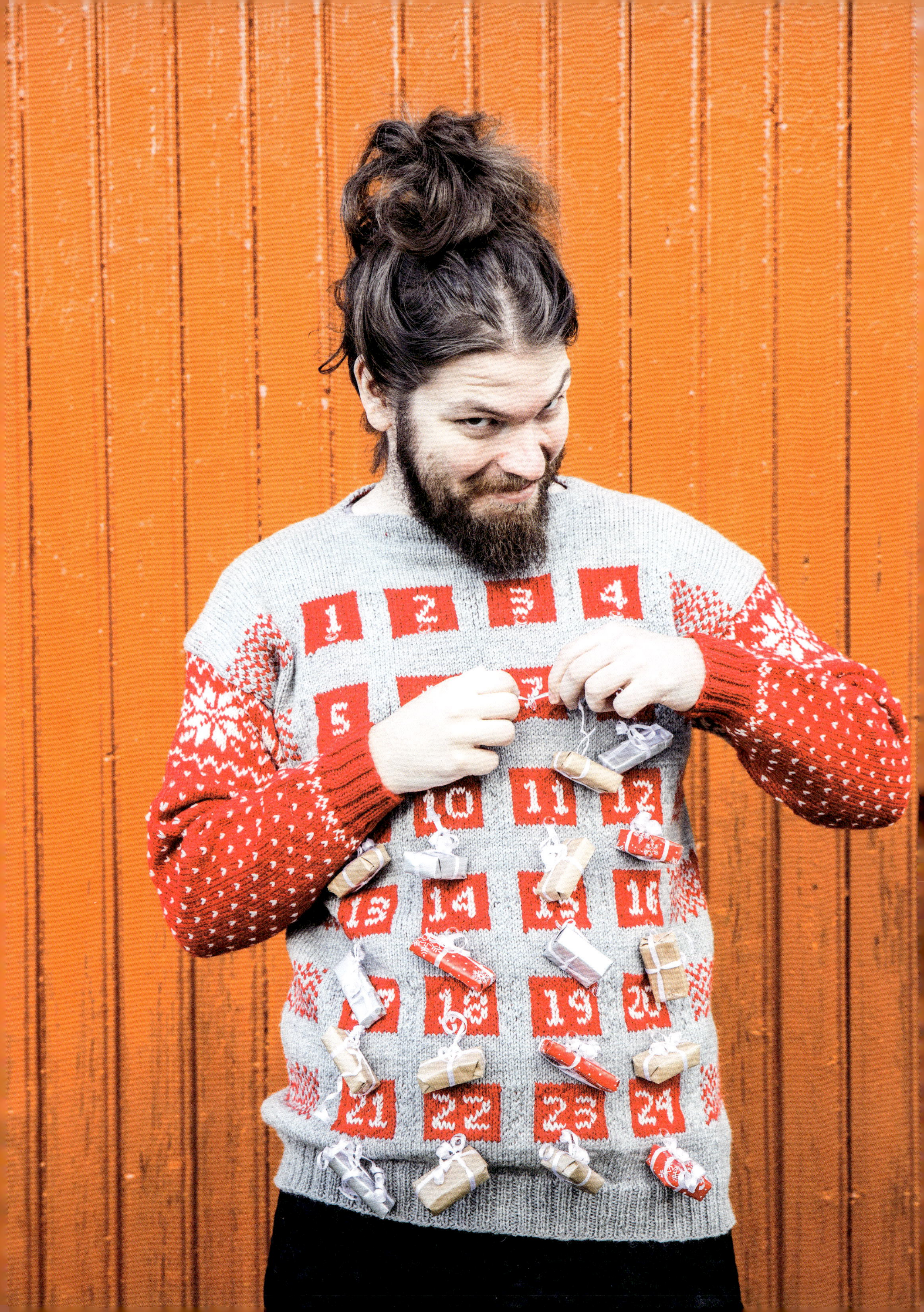

Advent, Advent 🎁

Möchtest du den schönsten Adventskalender für deine Liebsten machen? Dieser Adventspullover kann mit 24 kleinen Päckchen bestückt werden, die bis Heiligabend Überraschung und Freude bereiten.

Unisex-Größen
(XS) S (M) L (XL) XXL

Maße
Oberweite: (89) 96 (104) 111 (118) 125 cm
Länge: (64) 66 (68) 70 (71) 72 cm
Ärmellänge: (46) 47 (48) 49 (50) 51 cm
Alle Maße beziehen sich auf das fertige Strickstück und sind entsprechend der Maschenprobe berechnet.

Garn
Schurwollgarn (100 % Schurwolle superwash, LL 100 m/50 g)

Farbvorschlag
Farbe 1: Hellgrau meliert
Farbe 2: Rot
Farbe 3: Weiß
+ evtl. Reste in Grün oder einer anderen Fb, um die Päckchen auf dem Rückenteil zu verzieren

Garnverbrauch
Farbe 1: (300) 350 (400) 450 (500) 550 g
Farbe 2: (250) 300 (300) 350 (350) 400 g
Farbe 3: 100 g alle Größen

Zubehör
24 kleine Ringe
2 Maschenmarkierer
Nähmaschine

Nadeln
Rundstricknadeln 3,0 mm, 3,5 mm oder 4,0 mm, Nadelspiele 3,0 mm, 3,5 mm oder 4,0 mm
oder die passende Nadelstärke entsprechend der Maschenprobe

Maschenprobe
Im Muster A mit Nd 3,5 mm 22 M = 10 cm

Vorder- und Rückenteil: (196) 212 (228) 244 (260) 276 M in Fb 1 auf der Rundstricknd 3,0 mm anschl. Das Bündchen in Rd 2 M rechts, 2 M links 6 cm str. Auf die Rundstricknd 3,5 mm wechseln und in Rd glatt rechts str. Auf jeder Seite nach (98) 106 (114) 122 (130) 138 M einen M-Markierer für jedes Teil setzen. Den Musterrapport auf der linken Seite beginnen. In Rd Muster A str und beim Pfeil für die gewählte Größe beginnen. Nach Muster A in Fb 1 weiterarb bis zur angegebenen Länge. Dann 1 Rd linke M für die Umschlagkante str, zu Fb 2 wechseln und 5 Rd glatt rechts für den Beleg str. Zum Schluss alle M locker abk.

Ärmel: (44) 48 (48) 52 (52) 56 M in Fb 2 mit Ndspiel 3,0 mm anschl. 5 cm in Rd 2 M rechts, 2 M links str. Zu Ndspiel 3,5 mm wechseln und 1 Rd rechts str sowie gleichzeitig (47) 49 (51) 53 (55) 57 M gleichmäßig verteilt zunehmen. Weiter in Rd 1 M am Anfang und Ende der Rd sowie ca. alle 1,5 cm 2 M (22x) 23x (24x) 25x (26x) 27x zunehmen (= (90) 95 (99) 103 (107) 111 M). Gleichzeitig in Rd Muster B str, dabei die Pfeile beachten, die die Ärmelmitte markieren und ausrechnen, wo seitlich davon das Muster beginnt. Danach mit Muster C weiterarb, bis die Arbeit ca. (36) 37 (38) 39 (40) 41 cm lang ist. Nach 2 Rd in Fb 2 in Muster C enden. Nun die Muster E und D und E str. Der Ärmel sollte dann die angegebene oder gewünschte Länge haben. Den Ärmel drehen und für den Beleg noch 5 R in Fb 2 in Hin- und Rückr glatt rechts str, dann abk. Den 2 Ärmel auf die gleiche Weise str.

Fertigstellen: Den Ärmelausschnitt mit einem Heftfaden auf jeder Seite markieren. Das Gestrick um die Markierung herum 2x mit der Nähmaschine absteppen, dann zwischen den Nähten vorsichtig aufschneiden. Beide Teile auf links drehen und die Ärmel einnähen, den angestrickten Beleg über die Schnittkante legen und dort festnähen.

Die Schulternähte von der Vorderseite in einer Links-R schließen, aber noch ca. (20) 20 (21) 21 (22) 22 cm für den Halsausschnitt offen lassen.

Ärmel einnähen: Den Ärmel mittig auf der Schulter sowie an der Unterseite des Ärmelausschnitts feststecken. Dann mittig auf der Schulter beginnen und jede Seite einnähen. Den Beleg über der Schneidekante annähen.

Vorderteil besticken: In Fb 3 die Zahlen von 1 bis 24 in jedes rote Viereck auf dem Vorderteil im M-Stich aufsticken. Unter jede Zahl auch einen Ring annähen (siehe Foto).

„Päckchen" auf dem Rückenteil: Jedes rote Viereck (= Geschenkpäckchen) mit Schleifchen aus gedrehten Garnschnüren in verschiedenen Fb verzieren (siehe Foto).

6x wdh

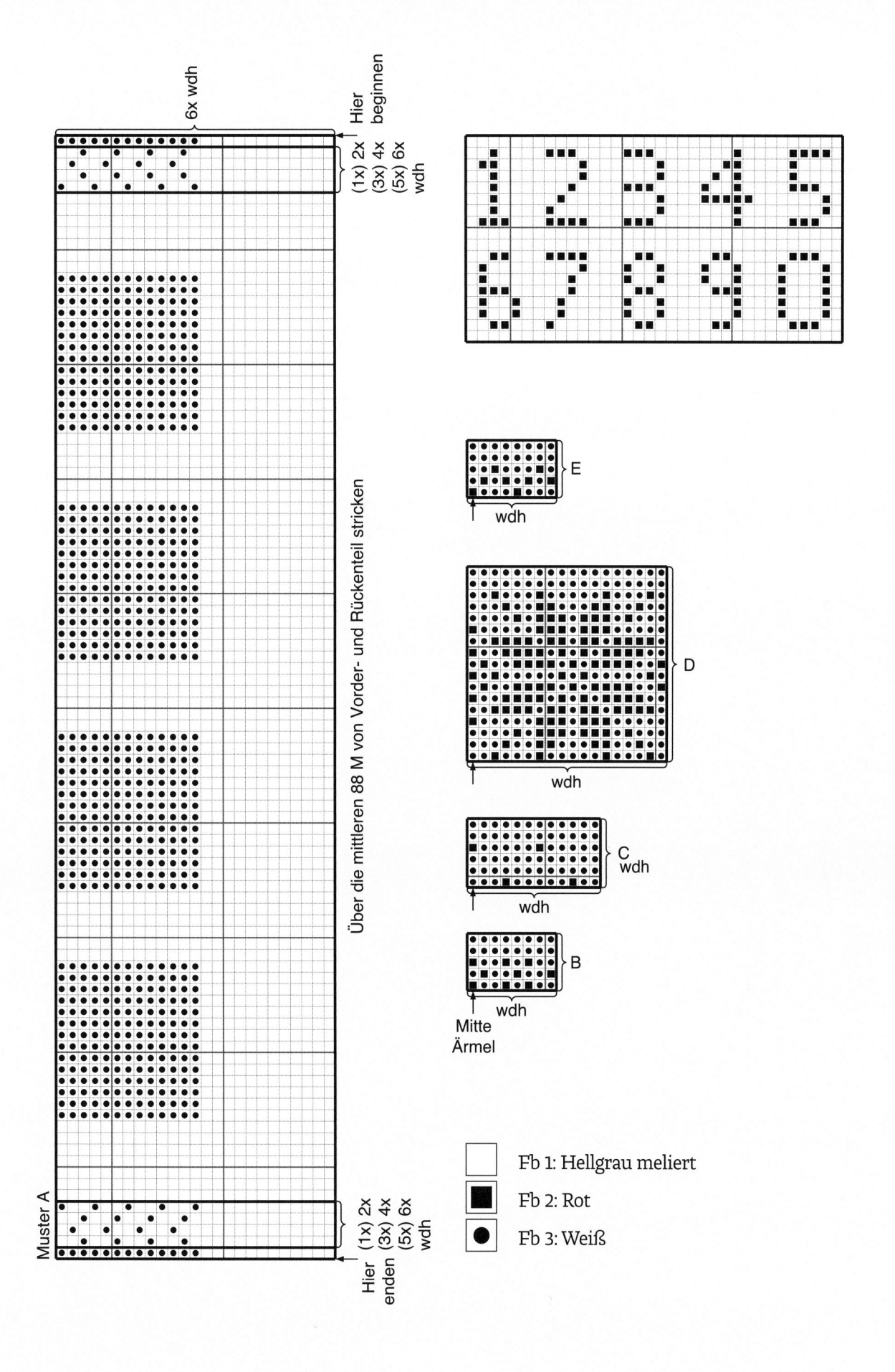

Hier beginnen
(1x) 2x
(3x) 4x
(5x) 6x wdh

Über die mittleren 88 M von Vorder- und Rückenteil stricken

Muster A

(1x) 2x
(3x) 4x
(5x) 6x wdh

Hier enden

E

D wdh

C wdh

B

Mitte Ärmel

wdh

☐ Fb 1: Hellgrau meliert
■ Fb 2: Rot
● Fb 3: Weiß

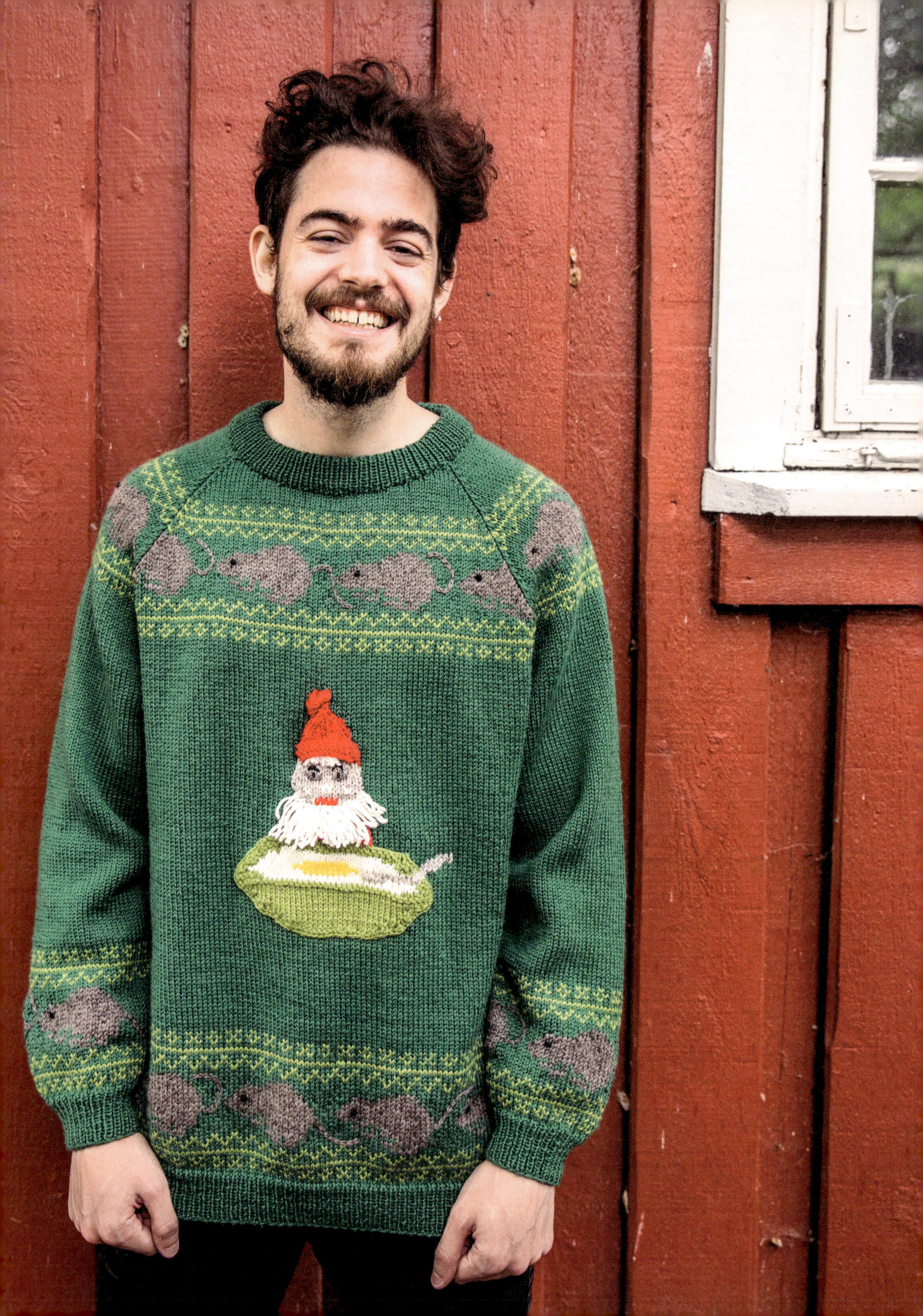

Weihnachtswichtel

Das Kurszentrum von Østre Aker Husflidslag liegt in einer echten Scheune im Groruddal. So kam man auf die Idee, ein beliebtes norwegisches Weihnachtslied zum Thema eines Pullovers zu machen. »På låven sitter nissen« erzählt vom Weihnachtswichtel, der in der Scheune in Ruhe seine Weihnachtsgrütze genießen will, dort aber von kleinen Ratten gestört wird, bis er ihnen mit der Katze droht.

Unisex-Größen
(XS) S (M) L (XL) XXL

Maße
Oberweite: (87) 95 (102) 109 (116) 124 cm
Länge: (62) 64 (66) 68 (70) 72 cm
Ärmellänge: (46) 47 (48) 49 (50) 51 cm
Alle Maße beziehen sich auf das fertige Strickstück und sind entsprechend der Maschenprobe berechnet.

Garn
Schurwollgarn (100 % Schurwolle superwash, LL 100 m/50 g)

Farbvorschlag
Farbe 1: Grün
Farbe 2: Olivgrün
Farbe 3: Mittelbraun meliert
Farbe 4: Rot
Farbe 5: Natur
Farbe 6: Gelb
Farbe 7: Hellgrau meliert
+ kleiner Rest Schwarz für die Augen

Garnverbrauch
Farbe 1: (500) 550 (600) 650 (700) 750 g
Farbe 2: 100 g alle Größen
Farbe 3: 100 g alle Größen
Farbe 4, 5, 6, 7: 50 g oder Reste für alle Größen
+ kleiner Rest Schwarz

Zubehör
4 Maschenmarkierer

Nadeln
Rundstricknadeln 3,0 mm und 3,5 mm, Nadelspiele 3,0 mm und 3,5 mm oder die passende Nadelstärke entsprechend der Maschenprobe
Häkelnadel 3,0 mm

Maschenprobe
Im Muster A mit Nd 3,5 mm
22 M und 28 Rd = 10 cm x 10 cm

Vorder- und Rückenteil: (192) 208 (224) 240 (256) 272 M in Fb 1 auf der Rundstricknd 3,0 mm anschl. Das Bündchen in Rd 1 M rechts, 1 M links 5 cm str. Auf die Rundstricknd 3,5 mm wechseln und 1 Rd rechte M str sowie nach (97) 105 (113) 121 (129) 137 M einen M-Markierer für das Vorderteil und nach (95) 103 (111) 119 (127) 135 M für das Rückenteil setzen. Den Musterrapport auf der linken Seite beginnen. In Rd Muster A str, dabei die Pfeile beachten, die die vordere Mitte markieren und ausrechnen, wo seitlich davon das Muster beginnt. (Bei einigen Größen wird das Muster ganz aufgehen, bei anderen muss man einen Rest an der Seite in Kauf nehmen). Nach dem Muster A in Fb 1 weiterarb, bis zu einer Höhe von (42) 43 (44) 45 (46) 47 cm. Nun 5 M auf jeder Seite der beiden M-Markierer abnehmen (= (87) 95 (103) 111 (119) 127 M beim Vorderteil und (85) 93 (101) 109 (117) 125 M beim Rückenteil). Die Arbeit zur Seite legen und die Ärmel str.

Ärmel: (44) 46 (48) 50 (52) 54 M in Fb 1 mit Ndspiel 3,0 mm anschl. 5 cm in Rd 1 M rechts, 1 M links str. Zu Ndspiel 3,5 mm wechseln und 1 Rd rechts str und dabei (53) 55 (57) 59 (61) 63 M gleichmäßig verteilt zunehmen. In Rd Muster A str, dabei die Pfeile beachten, die die Ärmel-Mitte markieren und ausrechnen, wo seitlich davon das Muster in der Rd beginnt. 1 M am Anfang und Ende der Rd sowie alle 2 cm 2 M (16x) 17x (18x) 19x (20x) 21x zunehmen (= (85) 89 (93) 97 (101) 105 M). Weiterstr, bis der Ärmel die angegebene Länge hat. Noch 10 M mittig unter dem Ärmel abk (= (75) 79 (83) 87 (91) 95 M). Die Arbeit zur Seite legen und den 2. Ärmel ebenso str.

Raglan: Alle Teile in der folgenden Reihenfolge auf die Rundstricknd 3,5 mm setzen: Rückenteil, erster Ärmel, Vorderteil, zweiter Ärmel (= (322) 346 (370) 394 (418) 442 M). Die Rd nun zwischen dem linken Ärmel und dem Rückenteil beginnen. Dort, wo sich die Teile treffen, 4 M-Markierer setzen. Weiter 2 Rd in Fb 1 str. In der nächsten Rd wie folgt abnehmen: Nach jedem M-Markierer 2 M rechts zusammenstr und vor jedem M-Markierer 2 M rechts verschränkt zusammenstr (= 8 M insgesamt). 1 Rd ohne Abnahmen str. Die Raglanabnahmen in jeder 2. Rd 8x bei allen Größen wdh. Muster A str, dabei die Pfeile im Muster für die vordere Mitte, Mitte hinten und Mitte Ärmel beachten und abzählen, an welcher Stelle mit dem Muster an den verschiedenen Teilen begonnen werden muss. Gleichzeitig die Raglanabnahmen weiter in jeder 2. Rd (25x) 26x (27x) 28x (29x) 30x ausführen (= (122) 138 (154) 170 (186) 202 M). Die mittleren (13) 15 (17) 19 (21) 23 M am Vorderteil für den Halsausschnitt abnehmen und weiter in Hin- und Rückr str. Für den Hals am Anfang jeder R an jeder Seite (4, 3, 2) 4, 3, 2 (4, 3, 2, 2,) 4, 3, 2, 2 (4, 4, 3, 2) 4, 4, 3, 2, 1 M und gleichzeitig weiter für den Raglan abnehmen. Danach noch 1x 1 M am Beginn jeder 2. Rd für den Halsausschnitt abnehmen, bis der Halsausschnitt die Raglanstelle erreicht. Auf die Nd 3,0 mm wechseln und weiter in Fb 1 die Blende am Ausschnitt arb. Auf dem abgenommenen Ausschnitt 10 bis 11 M je 5 cm aufnehmen; die M-Zahl muss durch 2 teilbar sein. In Rd 7 cm mit 1 M rechts, 1 M links str. Die Blende locker mit jeweils rechten und linken M abk, nach innen doppelt umschlagen und annähen.

Fertigstellen: Die Ärmelöffnungen schließen. Die Schwänzchen der Mäuse mit Kettenstichen in Fb 3 aufsticken (siehe Foto). Sie können gern unterschiedlich lang sein und auch über dem Tierkörper aus Muster A liegen.

Weihnachtswichtel mit Grützeschale: 20 M in Fb 2 mit Nd 3,5 mm anschl und den Weihnachtswichtel nach der Strickschrift str. Das gelbe „Butterauge" der Grütze und den Löffel im M-Stich aufsticken. Wichtelbart und Ponyfransen in Fb 5 schneiden und am Kopf entsprechend befestigen. Eventuell kann man auch Märchenwolle für Bart und Haare verwenden. Für die Wichtelmütze noch einen kleinen Umschlagstreifen str: 14 M in Fb 4 zu Nd 3,0 mm

Muster A

MUSTER A

☐ Fb 1: Grün

● Fb 2: Olivgrün

■ Fb 3: Mittelbraun meliert

wdh

Mitte vorn
Mitte hinten
Mitte Ärmel

Noch 2 M, dann abk

Weihnachtswichtel

Hier beginnen

WEIHNACHTSWICHTEL

● Olivgrün rechts auf rechts, links auf links str

✕ Olivgrün links auf rechts, rechts auf links str

☐ Natur rechts auf rechts, links auf links str

○ Rot rechts auf rechts, links auf links str

▼ Hellgrau meliert rechts auf rechts, links auf links str

╱ 2 M rechts zusammenstr

▲ Gelb, zum Schluss im M-Stich aufsticken

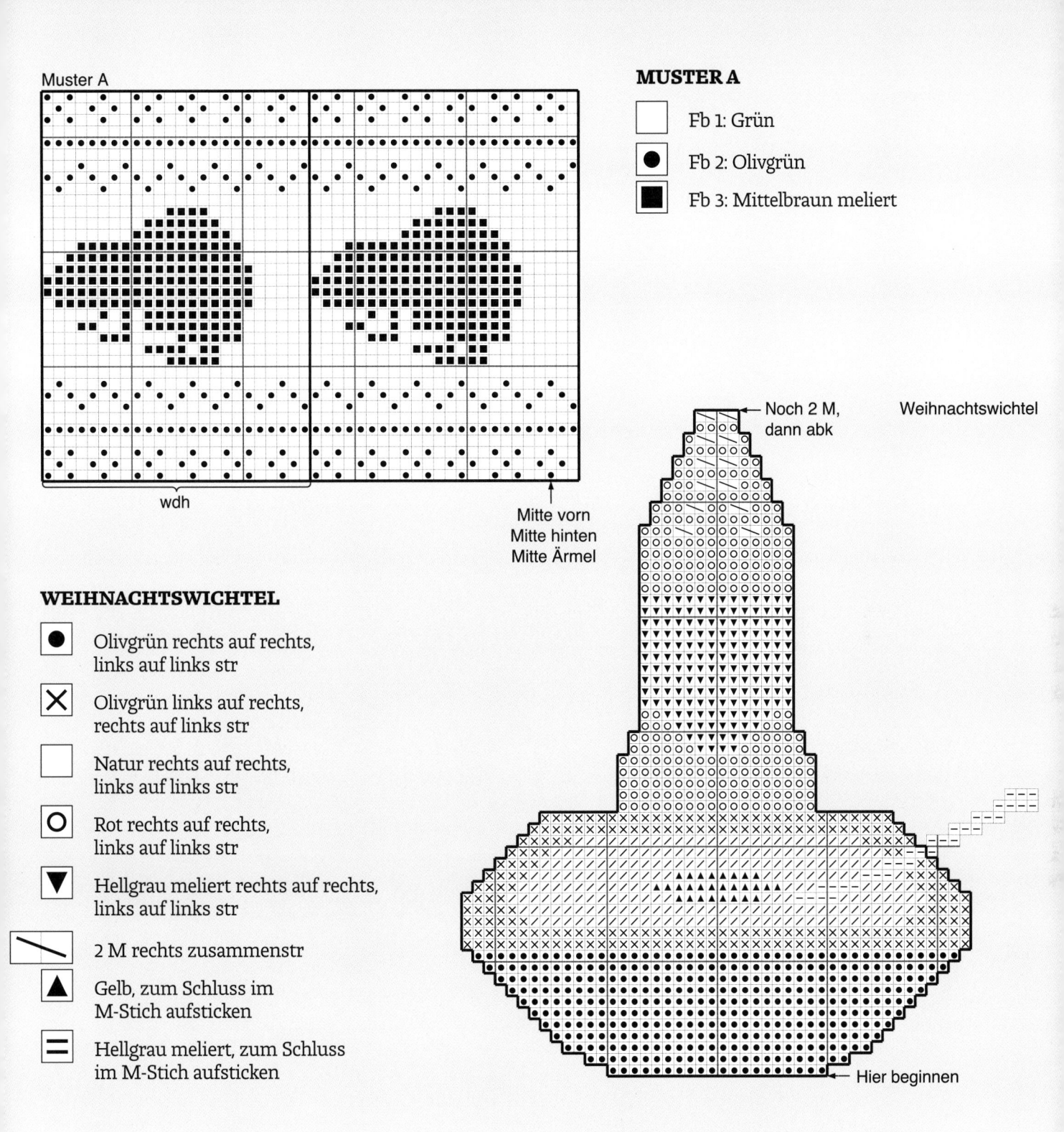

= Hellgrau meliert, zum Schluss im M-Stich aufsticken

anschl und 3 R rechte M str (= Rippen). Abk. Den Streifen über den Ponyfransen aufnähen. Für das Gesicht Augen, Augenbrauen, Mund und Nase nach Wunsch aufsticken (siehe Foto).

Zum Schluss noch die Grützeschale mit 1 R fM mit der Häkelnd in Fb 2 umhäkeln. Den Weihnachtswichtel samt Grützeschale mittig auf das Vorderteil aufnähen.

67

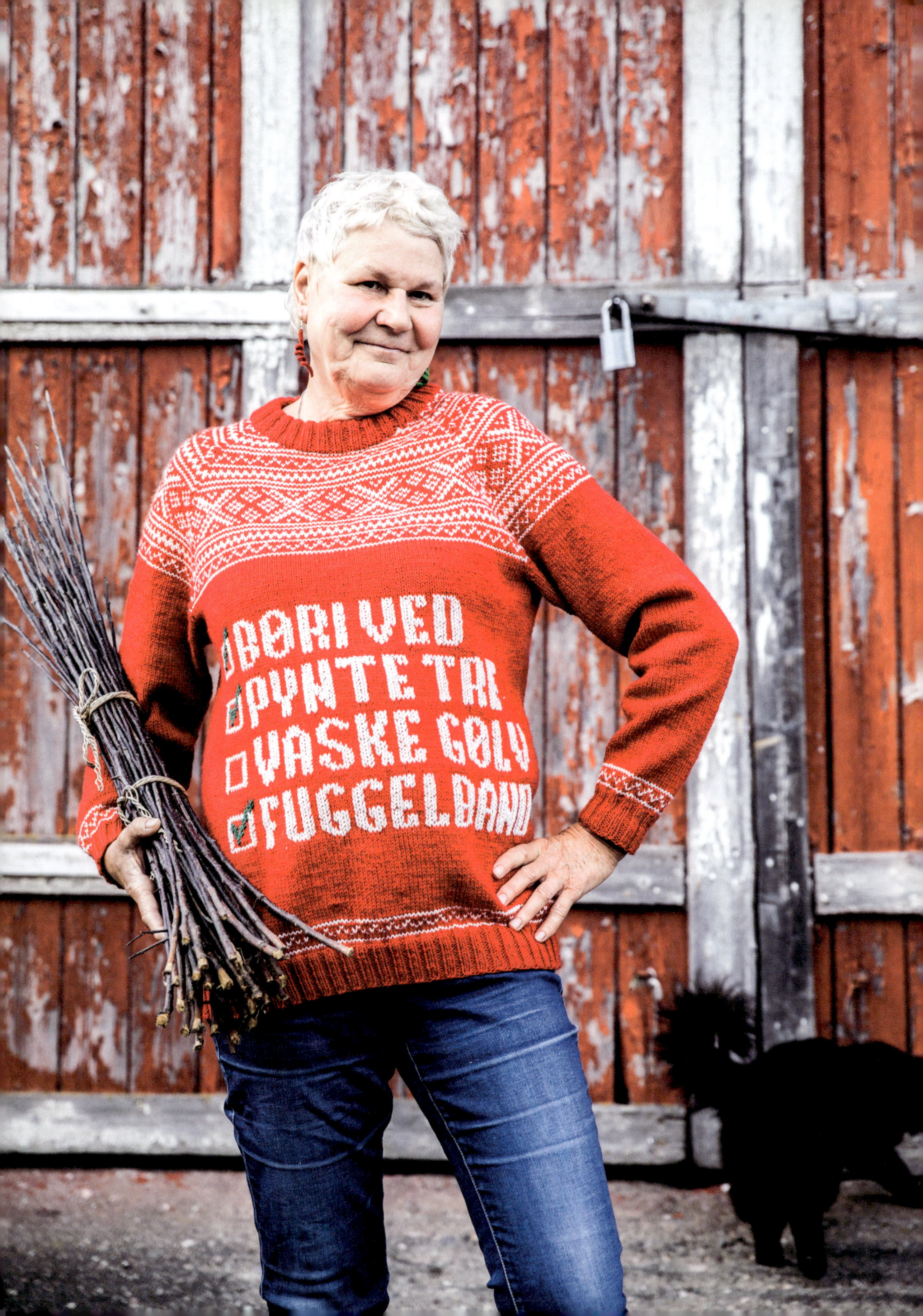
BØRI VED
PYNTE TRE
VASKE GØLV
FUGGELBAND

Heiligabend

»Fußboden schrubben, Kaminholz hereinholen, Baum schmücken und die Körner für die Vögel ausstreuen« – alle wichtigen Arbeiten für den 24. Dezember sind im norwegischen »Heiligabendlied« von Alf Prøysen aufgelistet. Und sie stehen in großen Buchstaben auf dem Heiligabend-Pullover. Mit kleinen Kettenstichen kannst du sogar die Häkchen daran setzen, wenn die Arbeit getan ist.

Unisex-Größen
(XS-S) M (L) XL (XXL)

Maße
Oberweite: (91) 102 (109) 120 (127) cm
Länge: (62) 64 (66) 68 (70) cm
Ärmellänge: (46) 47 (48) 49 (50) cm
Alle Maße beziehen sich auf das fertige Strickstück und sind entsprechend der Maschenprobe berechnet.

Garn
Schurwollgarn (100 % Schurwolle superwash, LL 106 m/50 g)

Farbvorschlag
Farbe 1: Rot
Farbe 2: Weiß
+ evtl. ein kleiner Rest Grün

Garnverbrauch
Farbe 1: (500) 550 (600) 650 (700) g
Farbe 2: (100) 100 (150) 150 (150) g
+ evtl. ein kleiner Rest Grün

Zubehör
4 Maschenmarkierer

Nadeln
Rundstricknadeln 3,0 mm und 3,5 mm, Nadelspiele 3,0 mm und 3,5 mm oder die passende Nadelstärke entsprechend der Maschenprobe

Maschenprobe
Glatt rechts mit Nd 3,0 mm 22 M = 10 cm

Vorder- und Rückenteil: (200) 224 (240) 264 (280) M in Fb 1 auf der Rundstricknd 3,0 mm anschl. Das Bündchen in Rd 2 M rechts, 2 M links 5 cm str. Auf die Rundstricknd 3,5 mm wechseln und in Rd glatt rechts str. Den Musterrapport auf der linken Seite beginnen. 7 Rd Muster A in Fb 1 str und weiterarb, bis zu einer Höhe von (42) 43 (44) 45 (46) cm. Nun 6 M abnehmen, (89) 101 (109) 121 (129) M str, 11 M abk, (89) 101 (109) 121 (129) M str und die letzten 5 M der Rd abk. Die Arbeit zur Seite legen und die Ärmel str.

Ärmel: (44) 48 (48) 52 (52) M in Fb 1 mit Ndspiel 3,0 mm anschl. 5 cm in Rd 2 M rechts, 2 M links str. Zu Ndspiel 3,5 mm wechseln und 1 Rd rechts str, dabei gleichzeitig (53) 55 (57) 59 (61) M gleichmäßig verteilt zunehmen. 7 Rd Muster A str, dabei die Pfeile beachten, die die Ärmelmitte markieren und ausrechnen, wo seitlich davon das Muster beginnt. 1 M am Anfang und Ende der Rd sowie ca. alle 2 cm 2 M (16x) 17x (18x) 19x (20x) zunehmen (= (85) 89 (93) 97 (101) M). 7 Rd, nachdem Muster A beendet ist, in Fb 1 weiterstr, bis der Ärmel die gewünschte Länge hat. Noch je 5 M am Anfang und am Ende der Rd abk (= 10 M Abnahme mittig unter dem Ärmel = (75) 79 (83) 87 (91) M). Die Arbeit zur Seite legen und den zweiten Ärmel auf die gleiche Weise str.

Raglan: Alle Teile in der folgenden Reihenfolge auf die Rundstricknd 3,5 mm setzen: Rückenteil, 1. Ärmel, Vorderteil, 2. Ärmel (= (328) 360 (384) 416 (440) M). Die Rd nun zwischen dem linken Ärmel und dem Rückenteil beginnen. Dort, wo sich die Teile treffen, 4 M-Markierer setzen. Weiter in Rd in Fb 1 arb und 1 Rd str. In der nächsten Rd wie folgt abnehmen: Nach jedem M-Markierer 2 M rechts zusammenstr und vor jedem M-Markierer 2 M rechts verschränkt zusammenstr (= 8 M insgesamt). 1 Rd ohne Abnahmen str. Die Raglanabnahmen in jeder 2. Rd 4x für alle Größen wdh. Nun Muster A str. Die Pfeile im Muster für die vordere Mitte, Mitte hinten und Mitte Ärmel

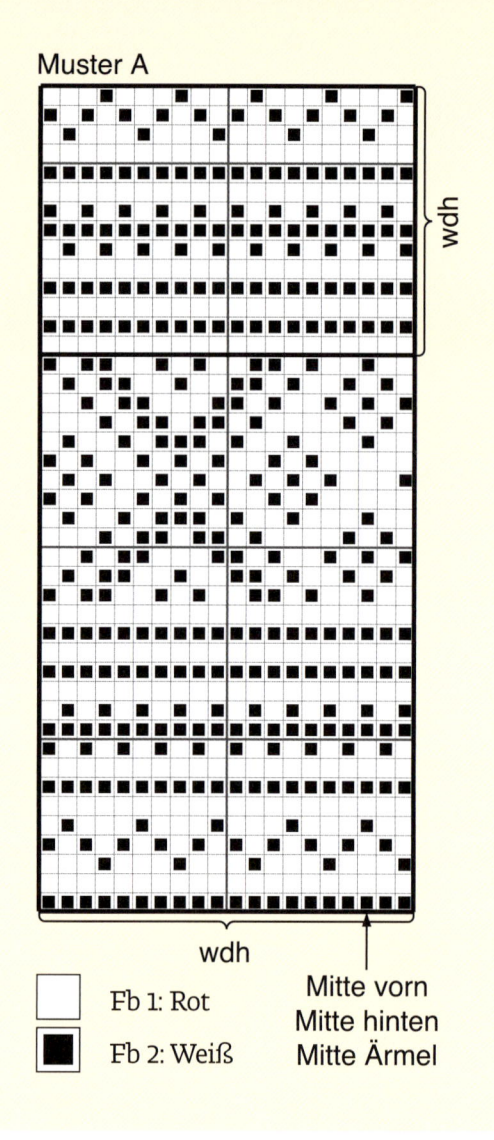

Muster A

☐ Fb 1: Rot
■ Fb 2: Weiß

wdh — Mitte vorn / Mitte hinten / Mitte Ärmel

beachten und abzählen, an welcher Stelle mit dem Muster an den verschiedenen Teilen begonnen werden muss. Nachdem Muster A einmal gestrickt ist, werden die letzten 14 Rd des Musters wiederholt, bis die Arbeit fertig gestrickt ist. Insgesamt für den Raglan (25x) 27x (28x) 29x (30x) abnehmen (= (128) 144 (160) 184 (200) M). Dann die mittleren (13) 15 (17) 19 (21) M am Vorderteil für den Halsausschnitt abk und weiter in Hin- und Rückr str. Für den Hals am Anfang jeder R an jeder Seite (4, 3, 2) 4, 3, 2 (4, 3, 2) 4, 4, 3, 2 (4, 4, 3, 2, 2) M und gleichzeitig weiter für den Raglan abnehmen, dabei weiter das Muster str. Danach noch 1x 1 M am Beginn jeder 2. R für den Halsausschnitt abnehmen, bis man auf die Raglanabnahme stößt. Auf die Nd 3,0 mm wechseln und weiter in Fb 1 die Blende am Ausschnitt arb. Auf dem abgenommenen Ausschnitt 10 bis 11 M je 5 cm aufnehmen; die M-Zahl muss durch 4 teilbar sein. In Rd 7 cm mit 2 M rechts, 2 M links str. Die Blende locker mit jeweils rechten und linken M abk, nach innen doppelt umschlagen und annähen.

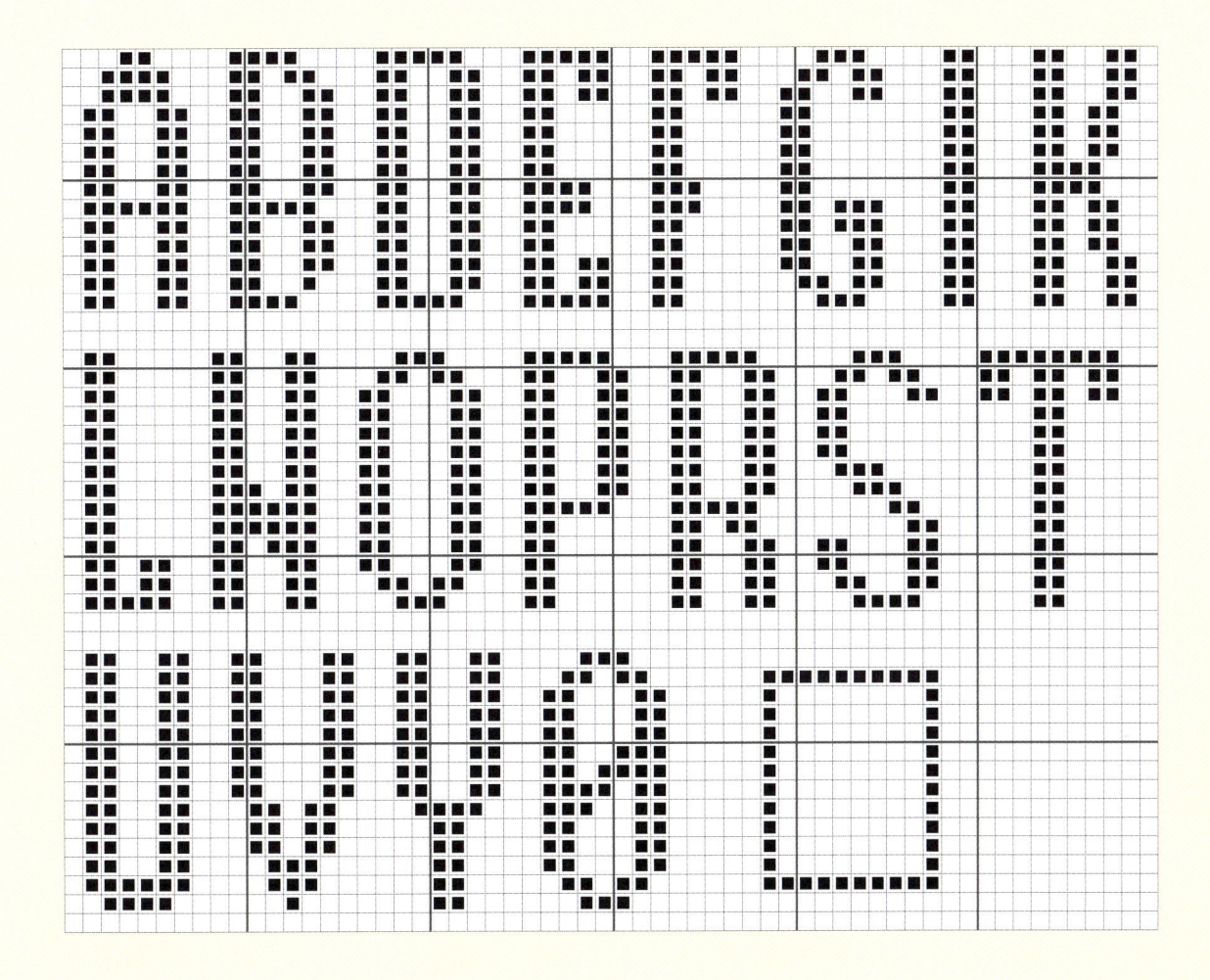

Fertigstellen: Die Ärmelöffnungen schließen. Schrift auf dem Pullover: Die Buchstaben und die quadratischen Kästchen in Fb 2 im M-Stich auf dem Vorderteil aufsticken (siehe Stickschrift und Foto). Die Zeilen so platzieren, dass sie mittig auf dem Pullover zwischen der oberen und unteren Musterbordüre stehen. Jeder Buchstabe läuft über 14 R ca. 5 cm. Davon ausgehend ausrechnen, wieviel Platz zwischen den Zeilen sein soll. Die Kästchen vor jeder Zeile aufsticken. Das Häkchen mit Kettenstichen in einige oder alle vier Kästchen sticken. Dazu passt gut ein Rest in Grün.

BØRI VED
PYNTE TRE
VASKE GØLV
 FUGGELBAND

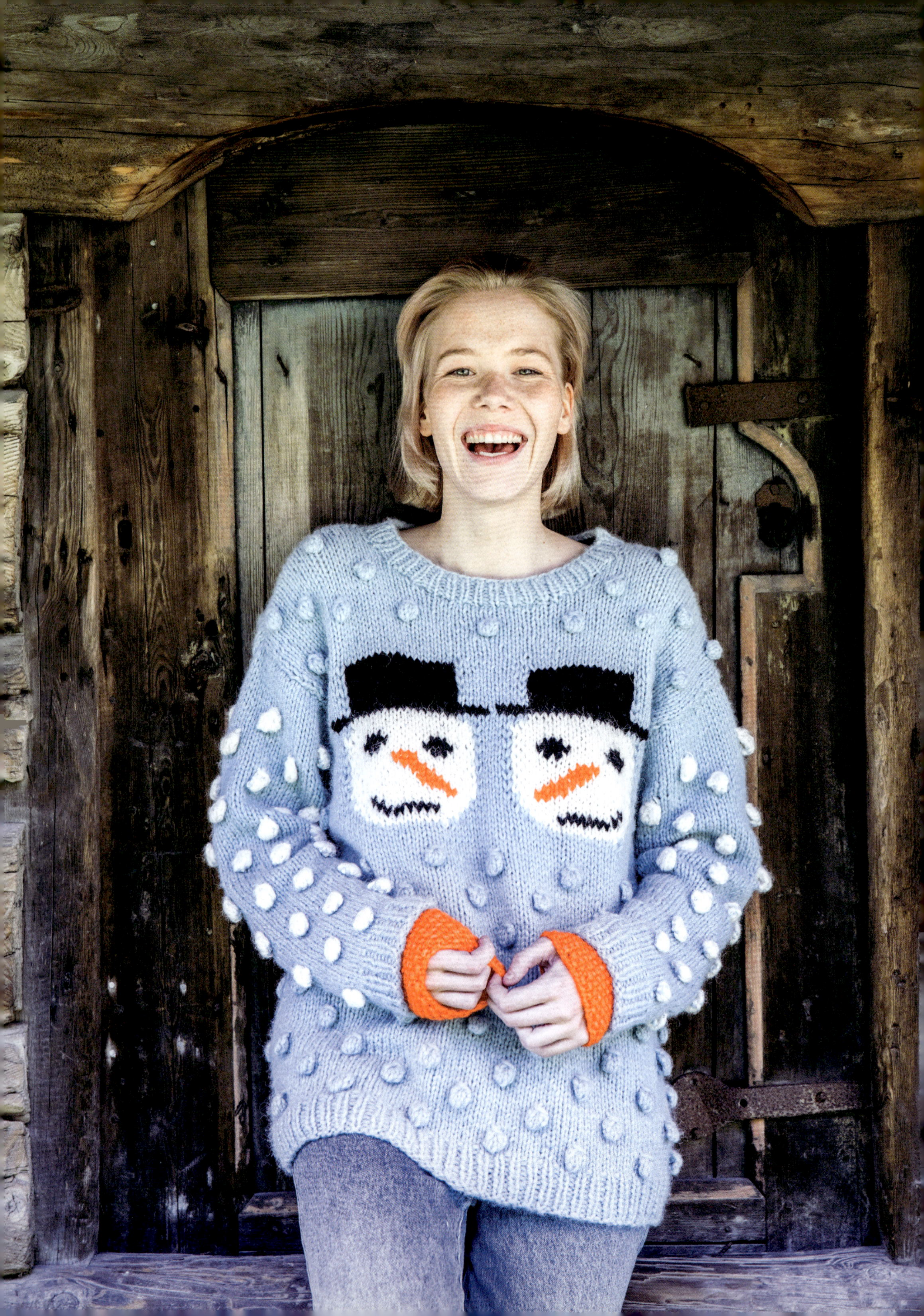

Schneemann mit Pulswärmern

Der witzige, schöne Alpakapullover mit seinen Schneemännern und vielen kleinen Schneebällen garantiert dir jedes Jahr weiße Weihnachten. Die orangefarbenen Pulswärmer machen das gewisse kleine Extra aus.

Damengrößen
(XS-S) M-L (XL-XXL)

Maße
Oberweite: (92) 108 (123) cm
Länge: (62) 66 (70) cm
Ärmellänge: (48) 50 (52) cm
Alle Maße beziehen sich auf das fertige Strickstück und sind entsprechend der Maschenprobe berechnet.

Garn
Alpakamischgarn (70 % Baby Alpaka, 17 % Acryl, 13 % Polyamid, LL 100 m/50 g)
Effektgarn mit kleinen Pailletten (100 % Polyester, LL 350 m/50 g)

Farbvorschlag
Pullover
Farbe 1: Alpakamischgarn Hellblau
Farbe 2: Alpakamischgarn Natur + Effektgarn Weiß – werden zusammengestrickt
Farbe 3: Alpakamischgarn Schwarz
Farbe 4: Alpakamischgarn Orange
Pulswärmer
Farbe 4: Alpakamischgarn Orange

Garnverbrauch
Pullover
Farbe 1: (450) 500 (550) g
Farbe 2 Alpakamischgarn: 100 g alle Größen
Farbe 2 Effektgarn: 50 g alle Größen
Farbe 3: 50 g alle Größen
Farbe 4: Reste
Pulswärmer
Farbe 4: 50 g alle Größen

Nadeln
Rundstricknadel 8,0 mm oder die passende Nadelstärke entsprechend der Maschenprobe

Maschenprobe
Glatt rechts mit Nd 8,0 mm
13 M und 17 R = 10 cm x 10 cm

PULLOVER

Rückenteil: *Alle Noppen in Fb 1 str.*
(61) 71 (81) M in Fb 1 auf der Rundstricknd 8,0 mm anschl. In Hin- und Rückr 5 cm 1 M rechts, 1 M links str und mit einer Hinr enden. Dann Muster A str, dabei in jeder 2. Noppen-R die Noppen am Anfang und Ende der R weglassen, weil sie sonst beim Zusammennähen in die Seitennähte rutschen. Weiterstr, bis die Arbeit (60) 64 (68) cm lang ist. Die mittleren (19) 21 (23) M für den Nackenausschnitt abk. Dann jede Seite getrennt weiterstr und in der nächsten R wieder 1 M am Ausschnitt abk (= (20) 24 (28) M für die eine Schulterseite). Weiterstr, bis die Arbeit die Gesamtlänge erreicht hat und abk. Es sieht am besten aus, wenn man ein paar R vor oder nach einer Noppen-R abk, damit die Noppen nicht zu nah an der Schulternaht liegen. Die zweite Schulterseite gegengleich str.

Vorderteil: *Alle Noppen in Fb 1 str.*
(61) 71 (81) M in Fb 1 auf der Rundstricknd 8,0 mm anschl. In Hin- und Rückr wie das Rückenteil str, bis die Arbeit ca. (30) 34 (38) cm lang ist, ein paar R vor oder nach einer Noppen-R enden. Nun Muster B über die mittleren 47 M str. Dabei 3 Knäuel von Fb 1 verwenden und 2 kleine Knäuel von Fb 2 vorbereiten, damit man für jede Farbfläche 1 Knäuel hat. Die Fäden beim Fadenwechsel auf der linken Seite verkreuzen. Auch für die Hüte 2 kleine Knäuel in Fb 3 vorbereiten und ebenso verfahren. Gleichzeitig über die restlichen M weiter Muster A auf beiden Seiten von Muster B str. Es sieht am besten aus, wenn die Noppen nicht zu dicht an den Hüten der Schneemänner stehen, am besten ausprobieren, wie es in den jeweiligen Größen passt. Wenn Muster B beendet ist, weiter wieder Muster A über alle M str, bis die Arbeit (56) 60 (64) cm lang ist. Dann die mittleren (11) 13 (15) M für den Halsausschnitt abk. Jede Seite dann getrennt weiterstr und am Ausschnitt in jeder 2. R 2, 2, 1 M für alle Größen (= (20) 24 (28) M) abnehmen. Weiterstr, bis das Vorderteil so lang ist wie das Rückenteil, dann abk. Die zweite Schulterseite gegengleich str.

Ärmel: *Alle Noppen in Fb 2 str.*
(31) 33 (35) M in Fb 1 zu Nd 8,0 mm anschl. In Hin- und Rückr 5 cm 1 M rechts, 1 M links str und mit einer Hinr enden. Dann Muster A str, dabei die Pfeile beachten, die die Ärmelmitte markieren und ausrechnen, wo seitlich davon das Muster beginnt. 1 M am Anfang und Ende der R vor der Rdm ca. alle 3,5 cm (11x) 12x (13x) zunehmen (= (53) 57 (61) M). Weiterstr, bis der Ärmel die angegebene Länge hat. Am besten sieht es aus, wenn man einige R vor oder nach einer Noppen-R abkettet. Den 2. Ärmel auf die gleiche Weise str.

Fertigstellen: Die Schulternähte schließen. Den Ärmel mittig zwischen die Schultern einsetzen und jede Seite getrennt annähen. Die Ärmelnähte schließen.

Halsausschnitt: An einer Schulter beginnen und rund um den Halsausschnitt je 5 cm ca. 6 bis 7 M aufnehmen. Die M-Zahl muss durch 2 teilbar sein. Ca. 3 cm in Rd 1 M rechts, 1 M links str. Die Blende locker mit rechten und linken M abketten.

Aufsticken: Nase, Augen und Mund werden im M-Stich aufgestickt (siehe Stickmuster).

PULSWÄRMER

(29) 31 (33) M in Fb 4 zu Nd 8,0 mm anschl. Dann in Hin- und Rückr im Perlmuster str:
1. R: 1 M rechts, 1 M links str.
2. R: 1 M rechts über einer linken M, 1 M links über einer rechten M arb.
Die 2 R im Wechsel wdh, bis die Arbeit ca. 10 cm lang ist oder die gewünschte Länge hat. Locker mit rechten und linken M abketten. Die Naht an der Längsseite schließen.
Den 2. Pulswärmer ebenso str.

Muster B

ca. 17 cm

47 M vordere Mitte

Muster A

wdh

wdh Mitte
Ärmel

1. R = Rückr

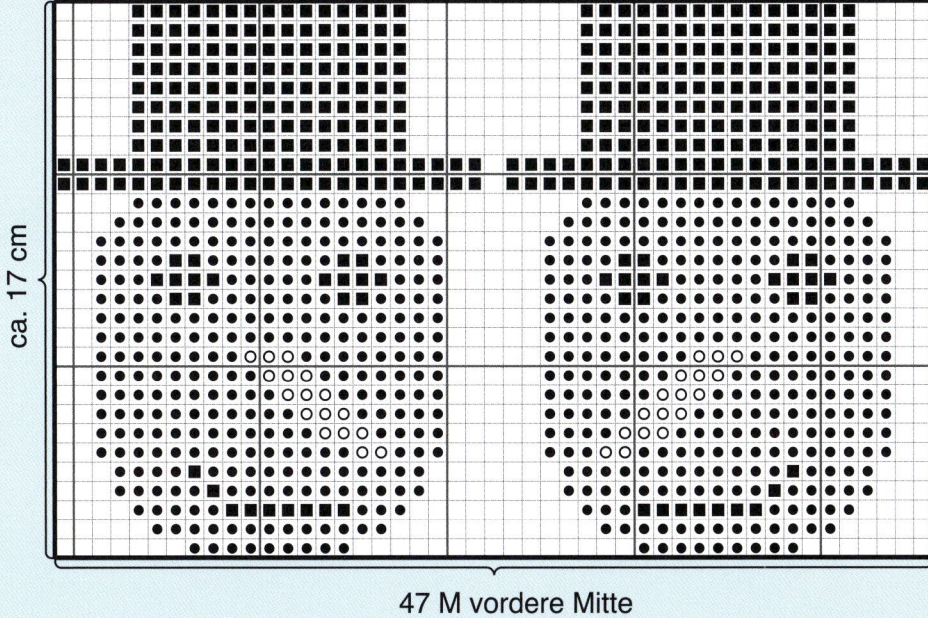

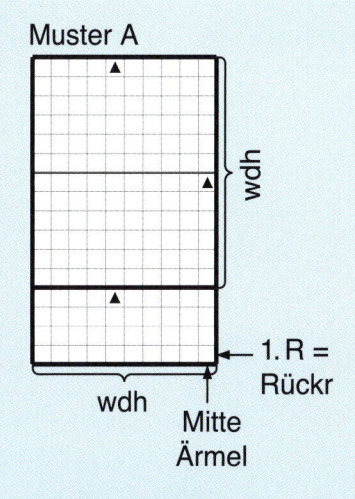

MUSTER A

☐ Hinr rechte M,
Rückr linke M

▲ Noppe: 3 neue M anschl, indem
man 1 neue M in das vordere und in
das hintere M-Glied strickt (= 4 M).
Wenden, linke M zurückstr, wenden
und rechte M str, wenden und linke
M str. Wenden und 2x 2 M zusammenstr, dann noch die letzte M über
die erste M ziehen (= 1 M).

MUSTER B

☐ Fb 1: Hellblau

● Fb 3: Natur + Weiß

■ Fb 2: Schwarz

○ Fb 4: Orange

Schwarze Augen und Mund und die
orangefarbene Nase zum Schluss im
M-Stich aufsticken.

Schneemann für Kinder

Größen
(2) 4 (6) 8 (10) 12 Jahre

Maße
Oberweite: (63) 66 (69) 75 (78) 82 cm
Länge: (38) 42 (46) 50 (54) 56 cm
Ärmellänge: (24) 28 (32) 35 (38) 41 cm
Alle Maße beziehen sich auf das fertige Strickstück und sind entsprechend der Maschenprobe berechnet.

Garn
Alpakamischgarn (70 % Baby Alpaka, 17 % Acryl, 13 % Polyamid, LL 100 m/50 g)
Effektgarn mit kleinen Pailletten (100 % Polyester, LL 350 m/50 g)

Farbvorschlag
Farbe 1: Alpakamischgarn Hellblau
Farbe 2: Alpakamischgarn Natur + Effektgarn Weiß – werden zusammengestrickt
Farbe 3: Alpakamischgarn Schwarz
Farbe 4: Alpakamischgarn Orange

Garnverbrauch
Farbe 1: (150) 200 (200) 250 (250) 300 g
Farbe 2 Alpakamischgarn: 50 g alle Größen
Farbe 2 Effektgarn: 50 g alle Größen
Farbe 3: 50 g alle Größen
Farbe 4: 50 g alle Größen

Nadeln
Rundstricknadel 8,0 mm oder die passende Nadelstärke entsprechend der Maschenprobe

Maschenprobe
Glatt rechts mit Nd 8,0 mm
13 M und 17 R = 10 cm x 10 cm

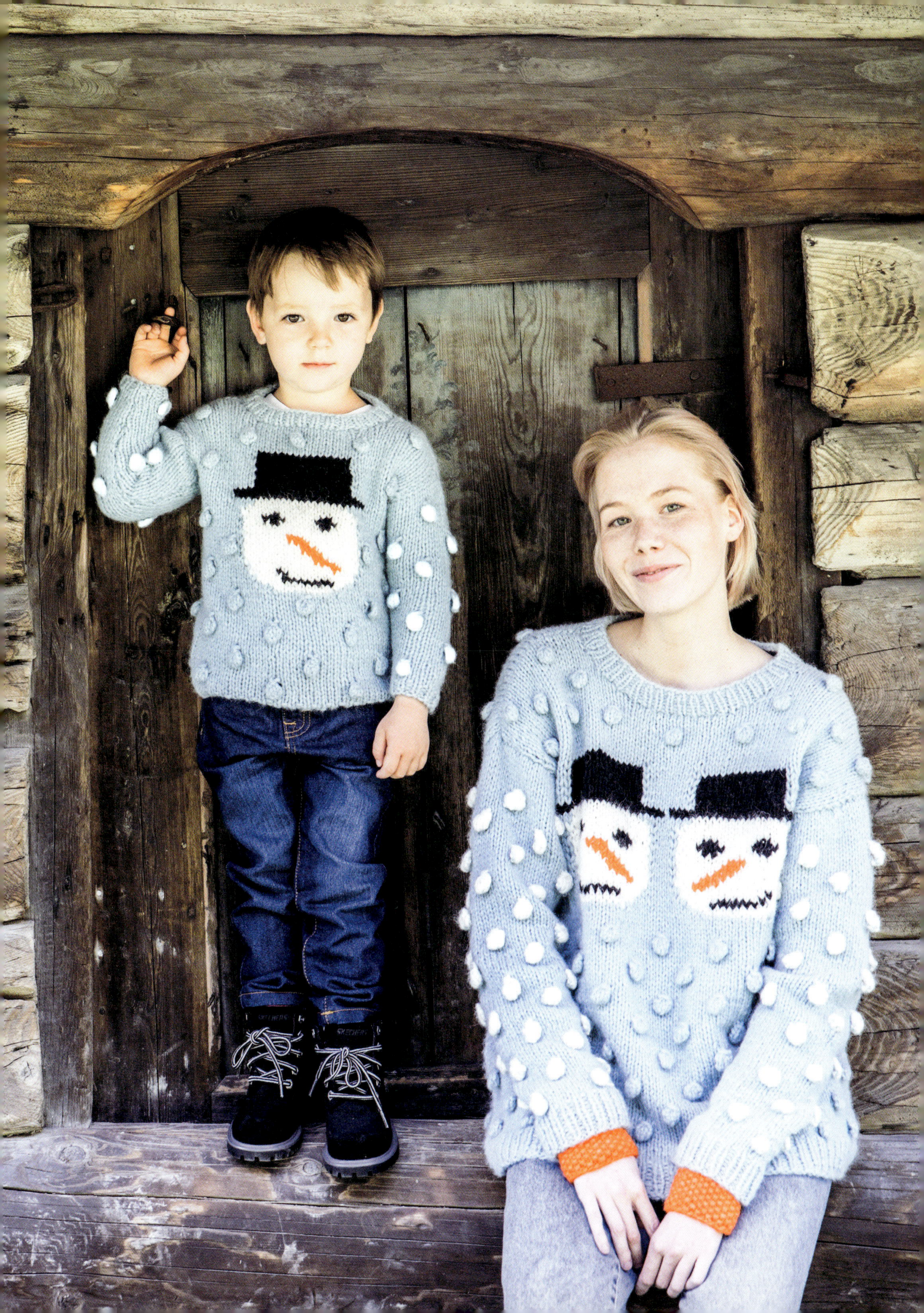

Rückenteil: *Alle Noppen in Fb 1 str.*
(41) 43 (45) 49 (51) 53 M in Fb 1 auf der Rundstrickndl 8,0 mm anschl. In Hin- und Rückr (3) 3 (3) 4 (4) 4 cm 1 M rechts, 1 M links str und mit einer Hinr enden. Dann Muster A str, dabei die Pfeile beachten, die die hintere Mitte markieren und ausrechnen, wo seitlich davon das Muster beginnt. In jeder 2. Noppen-R die Noppen am Anfang und Ende der R weglassen, weil sie sonst beim Zusammennähen in die Seitennähte rutschen. Weiterstr, bis die Gesamtlänge erreicht ist und abk (hier wird nicht für den Nackenausschnitt abgekettet).

Vorderteil: *Alle Noppen in Fb 1 str.*
(41) 43 (45) 49 (51) 53 M in Fb 1 auf der Rundstrickndl 8,0 mm anschl. In Hin- und Rückr wie das Rückenteil str, bis die Arbeit ca. (14) 16 (18) 20 (22) 24 cm lang ist, ein paar R vor oder nach einer Knoten-R enden. Nun Muster B über die mittleren 23 M str. Dabei 2 Knäuel von Fb 1 verwenden. Die Fäden beim Fadenwechsel auf der linken Seite verkreuzen. Gleichzeitig über die restlichen M weiter Muster A auf beiden Seiten von Muster B str. Es sieht am besten aus, wenn die Noppen nicht zu dicht an den Hüten der Schneemänner stehen, am besten ausprobieren, wie es in den jeweiligen Größen passt. Wenn Muster B beendet ist, weiter wieder Muster A über alle M str, bis die Arbeit (33) 37 (41) 45 (48) 50 cm lang ist. Dann die mittleren (15) 15 (17) 17 (19) 19 M für den Halsausschnitt abk. Jede Seite dann getrennt weiterstr und am Ausschnitt für alle Größen beidseitig 1x 2 M abnehmen, 2 R ohne Abnahme str und dann beidseitig 1x 1 M abnehmen (= (10) 11 (11) 13 (13) 14 M). Weiterstr, bis das Vorderteil so lang ist wie das Rückenteil, dann abk. Die 2. Schulterseite gegengleich str.

Ärmel: *Alle Noppen in Fb 2 str.*
(17) 19 (21) 25 (27) 29 M in Fb 1 zu Nd 8,0 mm anschl. In Hin- und Rückr (3) 3 (3) 4 (4) 4 cm 1 M rechts, 1 M links str und mit einer Hinr enden. Dann Muster A str, dabei die Pfeile beachten, die die Ärmelmitte markieren und ausrechnen, wo seitlich davon das Muster beginnt. 1 M am Anfang und Ende der R vor der Rdm ca. alle (3) 3,5 (3,5) 3,5 (4) 4 cm (7x) 7x (8x) 8x (8x) 9x zunehmen (= (31) 33 (37) 41 (43) 47 M). Weiterstr, bis der Ärmel die angegebene Länge hat. Am besten sieht es aus, wenn man einige R vor oder nach einer Noppen-R abk. Den 2. Ärmel auf die gleiche Weise str.

Fertigstellen: Die Schulternähte schließen. Den Ärmel mittig zwischen die Schultern einsetzen und jede Seite getrennt annähen. Die Ärmelnähte schließen.

Halsausschnitt: An einer Schulter beginnen und rund um den Halsausschnitt je 5 cm ca. 6 bis 7 M aufnehmen. Ca. 2 bis 3 cm in Rd 1 M rechts, 1 M links str. Die Blende locker mit rechten und linken M abk.

Aufsticken: Nase, Augen und Mund werden im M-Stich aufgestickt (siehe Stickmuster).

MUSTER A

☐ Hinr rechte M, Rückr linke M

▲ Noppe: 3 neue M anschl, indem man 1 neue M in das vordere und in das hintere M-Glied strickt (= 4 M). Wenden, linke M zurückstr, wenden und rechte M str, wenden und linke M str. Wenden und 2x 2 M zusammenstr, dann noch die letzte M über die erste M ziehen (= 1 M).

MUSTER B

☐ Fb 1: Hellblau
● Fb 3: Natur + Weiß
■ Fb 2: Schwarz
○ Fb 4: Orange

Schwarze Augen und Mund und die orangefarbene Nase zum Schluss im M-Stich aufsticken.

Muster B

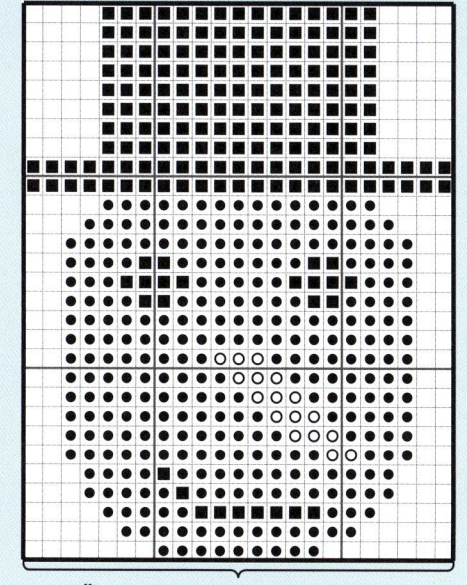

Über die mittleren 23 M str

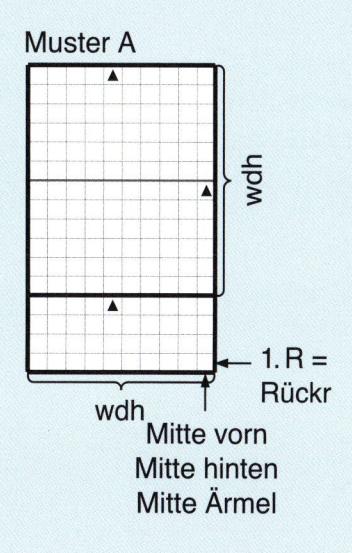

Muster A

wdh

wdh   1. R = Rückr
       Mitte vorn
       Mitte hinten
       Mitte Ärmel

Schneemann-Poncho

Seit einigen Jahren ist der Poncho wieder aktuell. Dieser hier ist leicht zu stricken und eine raffinierte Variante des Schneemann-Pullovers (siehe Seite 73)

Größen
(2-4) 6-8 (10-12 Jahre) Damen

Maße
Ca. (75 x 35) 95 x 42 (115 x 50) 140 x 60 cm + Bündchen
Alle Maße beziehen sich auf das fertige Strickstück und sind entsprechend der Maschenprobe berechnet.

Garn
Alpakamischgarn (70 % Baby Alpaka, 17 % Acryl, 13 % Polyamid, LL 100 m/50 g)
Effektgarn mit kleinen Pailletten (100 % Polyester, LL 350 m/50 g)

Farbvorschlag
Farbe 1: Alpakamischgarn Hellblau
Farbe 2: Alpakamischgarn Natur + Effektgarn Weiß – werden zusammengestrickt
Farbe 3: Alpakamischgarn Schwarz
Farbe 4: Alpakamischgarn Orange

Garnverbrauch
Farbe 1: (300) 400 (500) 600 g
Farbe 2 Alpakamischgarn: 50 g alle Größen
Farbe 2 Effektgarn: 50 g alle Größen
Farbe 3: 50 g alle Größen
Farbe 4: 50 g alle Größen

Zubehör
2 Maschenmarkierer

Nadeln
Rundstricknadel 8,0 mm und Nadelspiel 8,0 mm oder die passende Nadelstärke entsprechend der Maschenprobe

Maschenprobe
Glatt rechts mit Nd 8,0 mm
13 M und 17 R = 10 cm x 10 cm

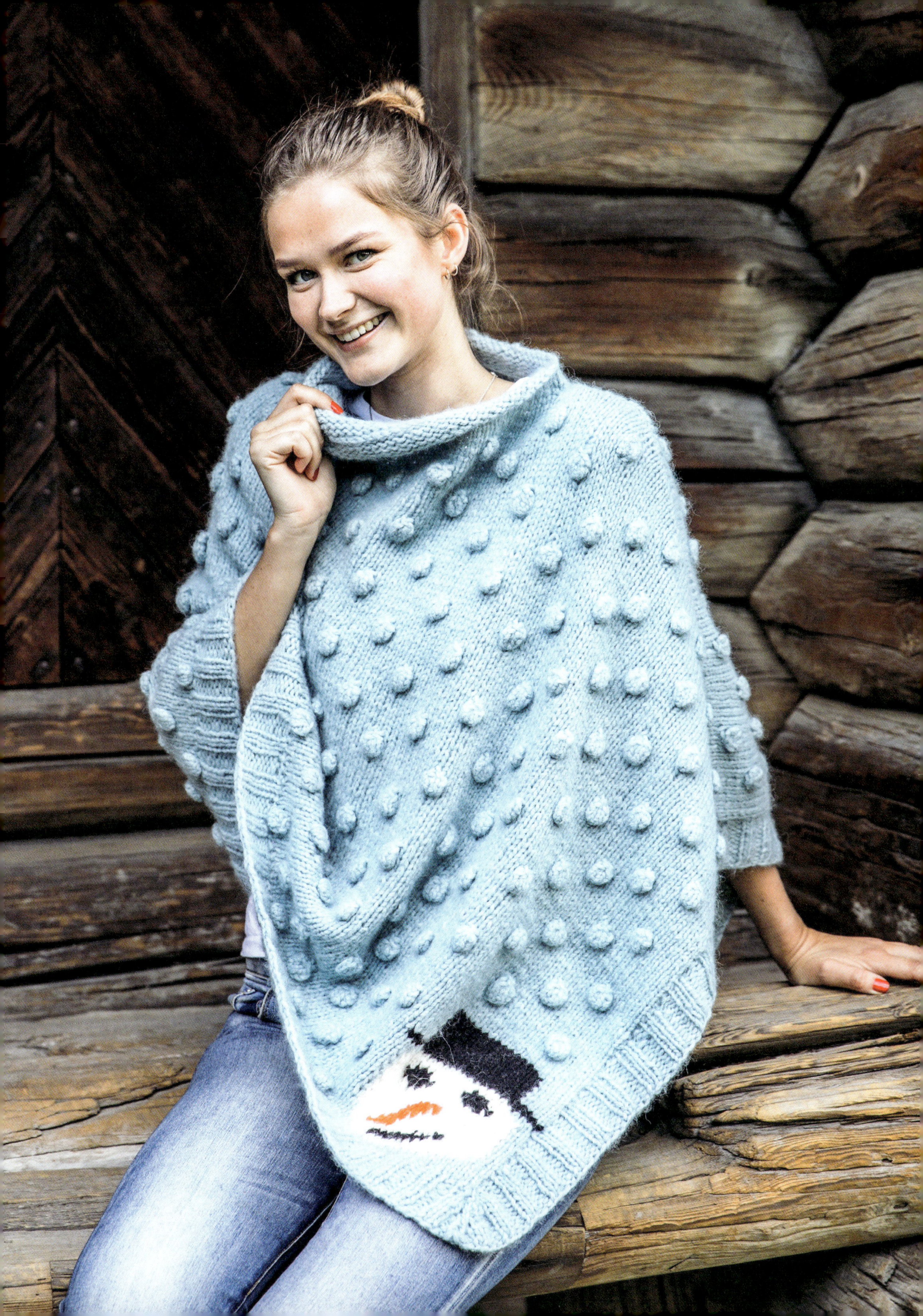

(101) 121 (151) 181 M in Fb 1 mit Rundstricknd 8,0 mm anschl. In Hin- und Rückr arb: 1 M rechts (= Rdm, die in allen R rechts gestrickt wird), dann Muster A, weiter in Muster B arb, bis noch 24 M übrig sind, darüber Muster C + 1 M rechts (= Rdm). Für die Schneemannmuster A und C kleine Knäuel in den Fb 1, 2 und 3 aufwickeln und die Fäden beim Farbwechsel auf der Rückseite überkreuzen. So weiterarb, bis die Muster A und C fertig gestrickt sind. Jetzt Muster B über alle M arb. Noppen am Anfang und Ende der R jeweils weglassen, weil sie sonst beim Zusammennähen in die Seitennaht des Ponchos rutschen würden. Nach Belieben können einige Noppen auch in Fb 2 gestrickt werden, wenn über dem Kopf des Schneemanns noch ungefähr die Hälfte der Länge zu str ist. Weiterarb, bis die Arbeit ca. (35) 42 (50) 60 cm lang ist, dann alle M locker abk. Es sieht am besten aus, wenn man ein paar R vor oder nach einer Noppen-R abk, damit die Noppen nicht zu nah an der Naht liegen, wenn der Poncho am Schluss zusammengenäht wird.

Fertigstellen: Das Strickstück mittig doppelt falten (= ca. (37) 47 (57) 70 cm auf jeder Seite). Vom Stoffbruch aus ca. (14) 18 (22) 30 cm abmessen (= Halsausschnitt) und von dort an sowie an der Längsseite zusammennähen (= (21) 24 (28) 40 cm mit Saum). Der Saum ist nur von der Innenseite sichtbar, sodass es wie eine „unsichtbare" Naht an der Arbeit wirkt.

Halsausschnitt: In Fb 1 mit Nd 8,0 mm je 10 cm ca. 13 bis 14 M rund um den Ausschnitt aufnehmen. 5 Rd glatt rechts str und dann in der nächsten Rd locker mit rechten M abk. Der Kragen wird sich etwas nach außen rollen.

Abschlusskante unten: In Fb 1 mit Nd 8,0 mm je 10 cm ca. 13 bis 14 M entlang der unteren Kante aufnehmen. Die M-Zahl soll durch 4 teilbar sein. In jede Ecke (= Spitze der vorderen und der hinteren Mitte) um 1 Mittel-M einen M-Markierer setzen. In der ersten Rd darauf achten, dass diese Mittel-M immer rechts gestrickt wird. In Rd 2 M rechts, 2 M links str und in jeder 2. Rd auf jeder Seite der Mittel-M 1 M zunehmen (= 4 M Zunahme je Rd). Die neuen M werden jeweils passend rechts oder links gestrickt. Wenn das Bündchen ca. (4) 5 (5) 6 cm lang ist, alle M rechts und links locker abk.

Aufsticken: Die Nase im M-Stich in Orange, Augen und Mund in Schwarz aufsticken.

Muster C

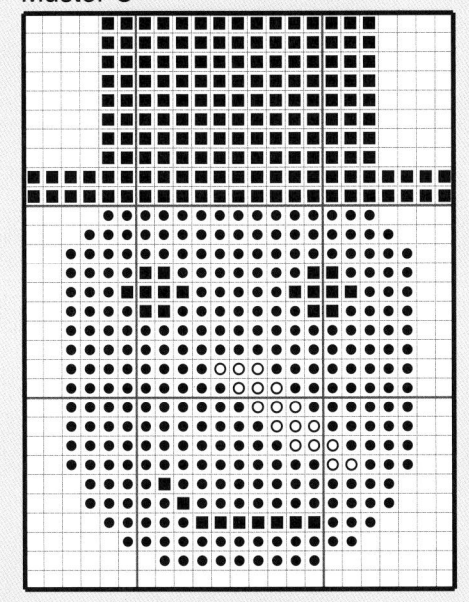

Muster A

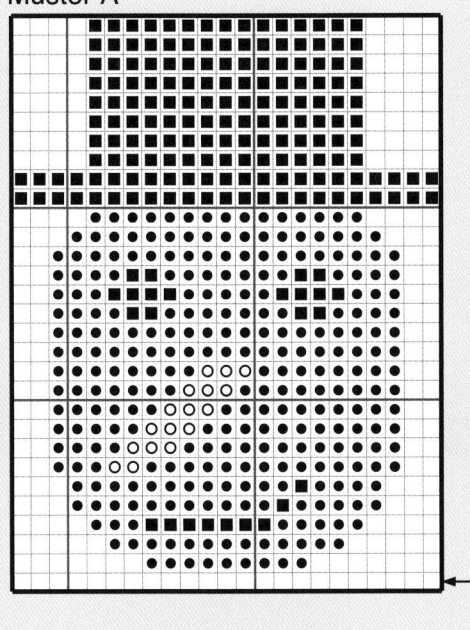

← 1. R = Rückr

MUSTER B

☐ Hinr rechte M, Rückr linke M

▲ Noppe: 3 neue M anschl, indem man 1 neue M in das vordere und in das hintere M-Glied strickt (= 4 M). Wenden, linke M zurückstr, wenden und rechte M str, wenden und linke M str. Wenden und 2x 2 M zusammenstr, dann noch die letzte M über die erste M ziehen (= 1 M).

MUSTER A/C

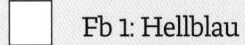

☐ Fb 1: Hellblau
● Fb 3: Natur + Weiß
■ Fb 2: Schwarz
○ Fb 4: Orange

Schwarze Augen und Mund und die orangefarbene Nase zum Schluss im M-Stich aufsticken.

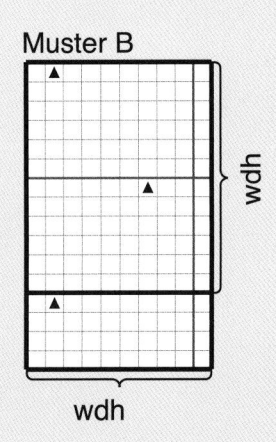

Muster B

wdh
wdh

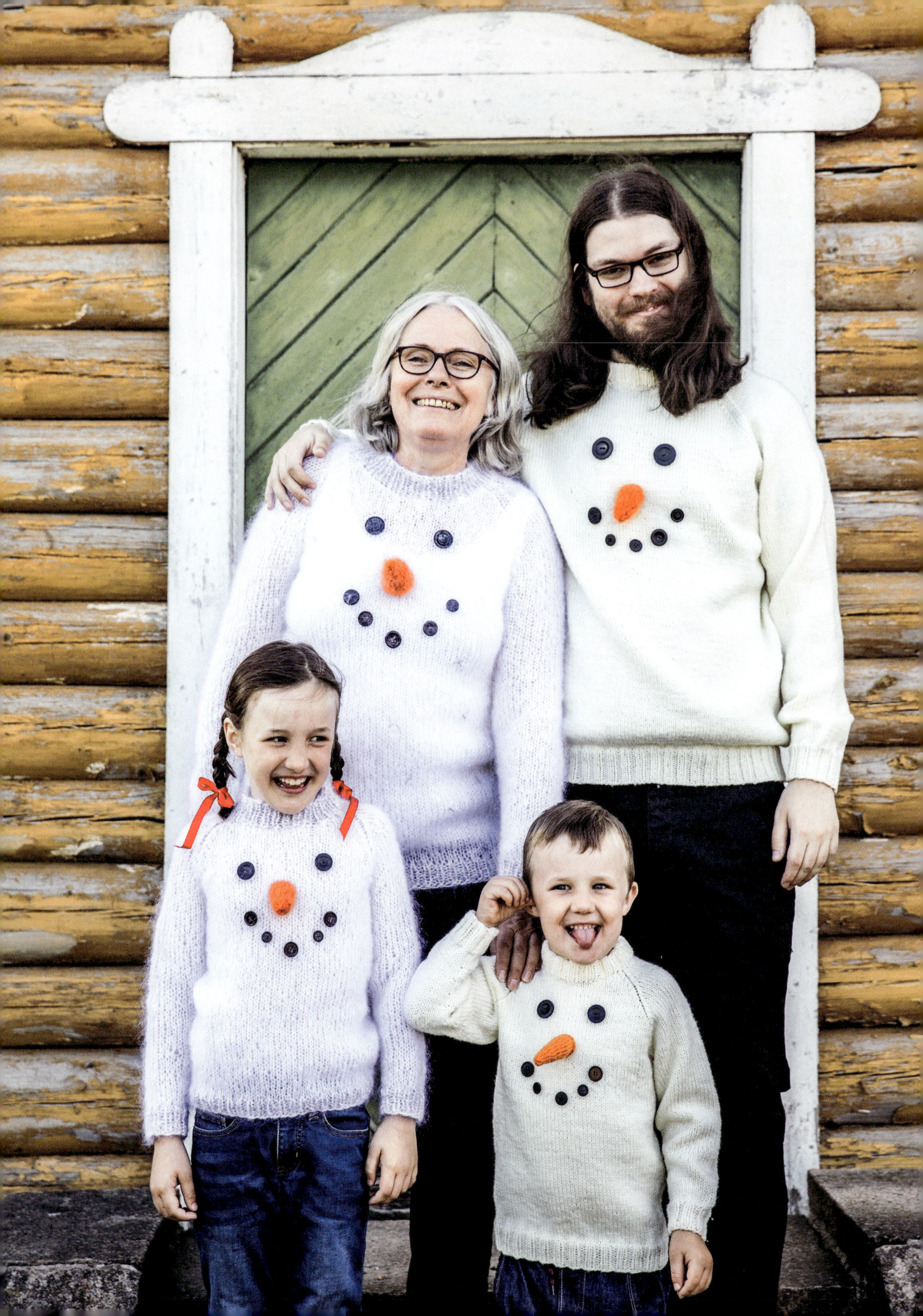

Kalle

Ein witziger Pullover für die ganze Familie, der schnell gestrickt ist. Er wirkt zunächst ziemlich minimalistisch – bis man ihn im Profil sieht …

Herrengrößen
(XS) S (M) L (XL) XXL

Maße
Oberweite: (97) 103 (110) 117 (123) 130 cm
Länge: (64) 66 (68) 70 (72) 74 cm
Ärmellänge: (46) 47 (48) 49 (50) 51 cm
Alle Maße beziehen sich auf das fertige Strickstück und sind entsprechend der Maschenprobe berechnet.

Garn
Schurwollgarn (100 % Schurwolle superwash, LL 80 m/50 g)

Farbvorschlag
Farbe 1: Weiß
Farbe 2: Ringelblume

Garnverbrauch
Farbe 1: (600) 650 (700) 750 (800) 850 g
Farbe 2: 50 g alle Größen

Zubehör
2 große schwarze Knöpfe für die Augen,
5 mittelgroße schwarze Knöpfe für den Mund

Zubehör
4 Maschenmarkierer

Nadeln
Rundstricknadeln 4,5 mm und 5,0 mm, Nadelspiele 4,5 mm und 5,0 mm oder die passende Nadelstärke entsprechend der Maschenprobe

Maschenprobe
Glatt rechts mit Nd 5,0 mm
18 M und 24 Rd = 10 cm x 10 cm

Vorder- und Rückenteil: (168) 180 (192) 204 (216) 228 M in Fb 1 auf der Rundstricknd 4,5 mm anschl. Das Bündchen in Rd 2 M rechts, 2 M links 6 cm str. Auf die Rundstricknd 5,0 mm wechseln und 6 M gleichmäßig verteilt zunehmen (= (174) 186 (198) 210 (222) 234 M). Auf jeder Seite nach (87) 93 (99) 105 (111) 117 M einen M-Markierer für jedes Teil setzen. In Rd glatt rechts weiterstr, bis die Arbeit (44) 45 (46) 47 (48) 49 cm lang ist. Nun 4 M auf jeder Seite der beiden M-Markierer abnehmen (= (79) 85 (91) 97 (103) 109 M). Die Arbeit zur Seite legen und die Ärmel str.

Ärmel: (40) 40 (44) 44 (48) 48 M in Fb 1 mit Ndspiel 4,5 mm anschl. 5 cm in Rd 2 M rechts, 2 M links str. Zu Ndspiel 5,0 mm wechseln und (45) 47 (49) 51 (53) 55 M gleichmäßig verteilt zunehmen. Glatt rechts in Rd weiterstr. Ca. alle 2 cm 4x 2 M zunehmen, danach alle 3 cm, bis es (69) 71 (75) 79 (83) 85 M sind. Weiterstr, bis der Ärmel die angegebene oder die gewünschte Länge hat. Noch 8 M mittig unter dem Ärmel abk (= (61) 63 (67) 71 (75) 77 M). Die Arbeit zur Seite legen und den 2. Ärmel auf die gleiche Weise str.

Raglan: Alle Teile in der folgenden Reihenfolge auf die Rundstricknd 5,0 mm setzen: Rückenteil, 1. Ärmel, Vorderteil, 2. Ärmel (= (280) 296 (316) 336 (356) 372 M). Die Rd nun zwischen dem linken Ärmel und dem Rückenteil beginnen und glatt rechts str. Dort, wo sich die Teile treffen, 4 M-Markierer setzen. Weiter in Rd mit Muster A arb und 2 Rd str. In der nächsten Rd wie folgt abnehmen: Nach jedem M-Markierer 2 M rechts zusammenstr und vor jedem M-Markierer 2 M rechts verschränkt zusammenstr (= 8 M insgesamt). 1 Rd ohne Abnahmen str. Die Raglanabnahmen in jeder 2. Rd (21x) 22x (23x) 24x (25x) 26x wdh (= (112) 120 (132) 144 (156) 164 M). Dann die mittleren (13) 13 (15) 15 (15) 17 M am Vorderteil auf einen Extrafaden setzen und weiter in Hin- und Rückr str. Gleichzeitig mit den Raglanabnahmen für den Hals 3 M am Anfang jeder R an jeder Seite (1x) 2x (2x) 1x (2x) 2x, 2 M (2x) 1x (1x) 3x (2x) 3x und danach noch 1 M abnehmen, bis der Halsausschnitt auf die Raglanabnahme trifft.

Halsausschnitt: Zu Nd 4,5 mm wechseln. Die M vom Extrafaden auf die Nd setzen und weiter jeweils 8 bis 9 M je 5 cm auf den Halsabnahmen aufnehmen. 1 Rd str und dabei die M-Zahl auf ca. (88) 88 (92) 92 (96) 96 M bringen. Dann 6 cm mit 2 M rechts, 2 M links str. Die Blende doppelt nach innen umschlagen und annähen.

Fertigstellen: Die Ärmelöffnungen schließen.

Möhrennase: 18 M in Fb 2 mit dem Ndspiel in 4,5 mm anschl. In Rd glatt rechts 4 cm str. * 2 M gleichmäßig verteilt über die Rd abnehmen. 2 cm str, ab * noch 1x wdh. * 2 M gleichmäßig verteilt über die Rd abnehmen. 1 cm str, ab * noch 1x wdh (= 10 M). * 2 M gleichmäßig verteilt über die Rd abnehmen. 2 Rd str, ab * noch 1x wdh. 2 M gleichmäßig verteilt über die Rd abnehmen (= 4 M). In der nächsten Rd 2x 2 M rechts zusammenstr und die hintere M über die erste M ziehen. Den Faden abschneiden und nach innen in die Nase ziehen, damit die Nase nicht zu spitz endet.
Die Nase mit Wolle oder anderem Füllmaterial in passender Menge ausstopfen und auf das Vorderteil aufnähen. Noch 2 große Knöpfe für die Augen über der Nase und 5 kleinere Knöpfe für den Mund unter der Nase annähen (siehe Foto).

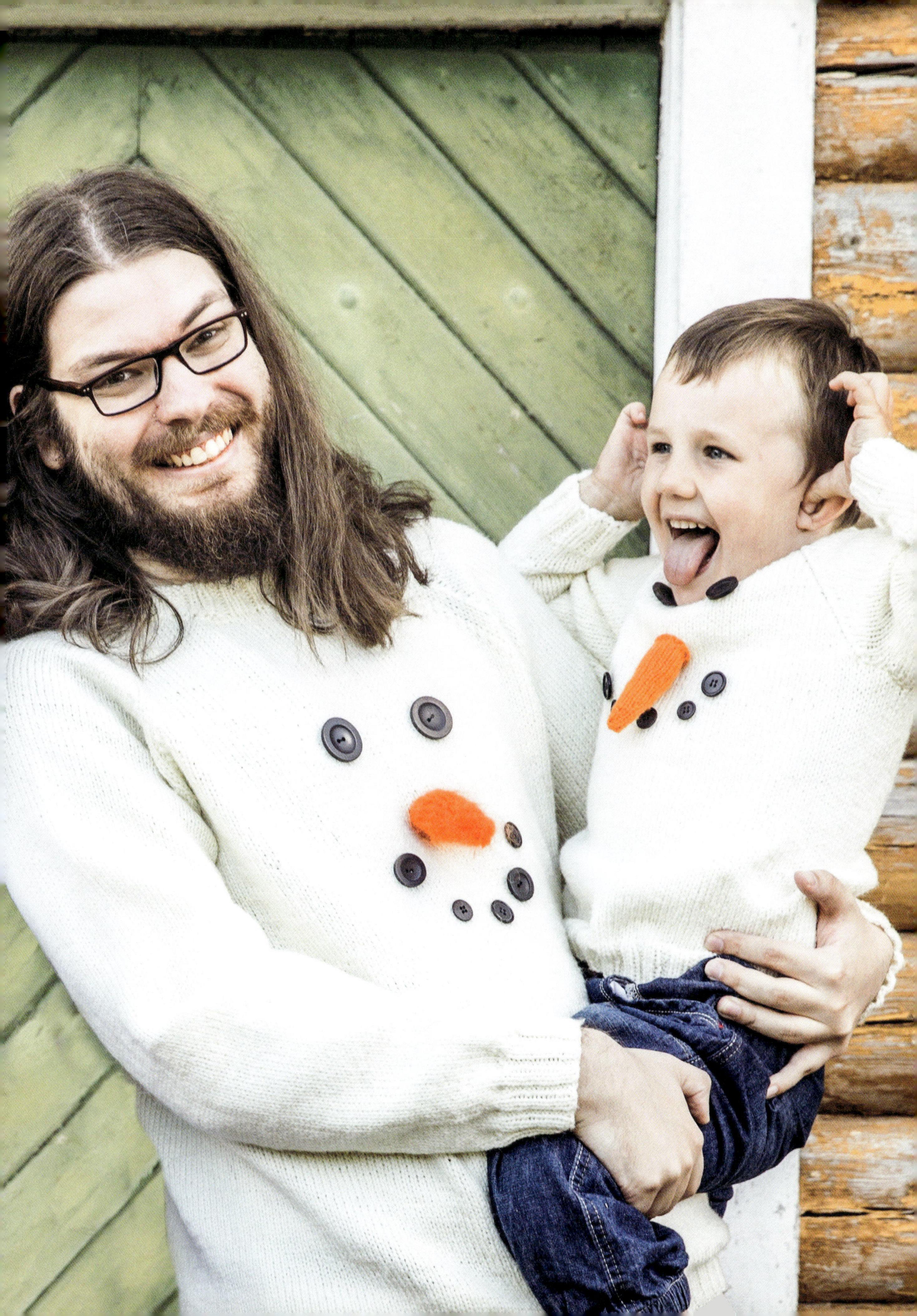

Kalle für Kinder

Größen
(4) 6 (8) 10 (12) Jahre

Maße
Oberweite: (68) 73 (79) 84 (90) cm
Länge: (42) 45 (50) 54 (58) cm
Ärmellänge: (29) 32 (35) 38 (42) cm
Alle Maße beziehen sich auf das fertige Strickstück und sind entsprechend der Maschenprobe berechnet.

Garn
Schurwollgarn (100 % Schurwolle superwash, LL 80 m/50 g)

Farbvorschlag
Farbe 1: Weiß
Farbe 2: Ringelblume

Garnverbrauch
Farbe 1: (250) 300 (350) 400 (450) g
Farbe 2: 50 g alle Größen

Zubehör
2 große schwarze Knöpfe für die Augen,
5 mittelgroße schwarze Knöpfe für den Mund
4 Maschenmarkierer

Nadeln
2 Rundstricknadeln 4,5 mm und 5,0 mm,
2 Nadelspiele 4,5 mm und 5,0 mm oder die passende Nadelstärke entsprechend der Maschenprobe

Maschenprobe
Glatt rechts mit Nd 5,0 mm
18 M und 24 Rd = 10 cm x 10 cm

Vorder- und Rückenteil: (120) 128 (140) 148 (160) M in Fb 1 auf der Rundstricknd 4,5 mm anschl. Das Bündchen in Rd 2 M rechts, 2 M links 4 cm str und in der letzten Rd 2 M gleichmäßig verteilt zunehmen. Auf jeder Seite nach (61) 65 (71) 75 (81) M einen M-Markierer für jedes Teil setzen. Zu Nd 5,0 mm wechseln und in Rd glatt rechts weiterstr, bis die Arbeit (29) 32 (34) 37 (40) cm lang ist. Nun (3) 3 (4) 4 (4) M auf jeder Seite der beiden M-Markierer abnehmen. Die Arbeit zur Seite legen und die Ärmel str.

Ärmel: (32) 32 (36) 36 (40) M in Fb 1 mit Ndspiel 4,5 mm anschl. (4) 4 (4) 5 (5) cm in Rd 2 M rechts, 2 M links str. Zu Nd 5,0 mm wechseln und gleichmäßig verteilt zunehmen, bis es (33) 35 (37) 39 (41) M sind. Glatt rechts in Rd weiterstr. Ca. alle 2 cm (8x) 9x (10x) 11x (12x) 2 M zunehmen (= (49) 53 (57) 61 (65) M). Weiterstr, bis der Ärmel die angegebene oder die gewünschte Länge hat. Noch (6) 6 (8) 8 (8) M mittig unter dem Ärmel abnehmen. Die Arbeit zur Seite legen und den 2. Ärmel auf die gleiche Weise str.

Raglan: Alle Teile in der folgenden Reihenfolge auf die Rundstricknd 5,0 mm setzen: Rückenteil, 1. Ärmel, Vorderteil, 2. Ärmel (= (196) 212 (224) 240 (260) M). Die Rd nun zwischen dem linken Ärmel und dem Rückenteil beginnen und glatt rechts str. Dort, wo sich die Teile treffen, 4 M-Markierer setzen. Nun wie folgt abnehmen: Nach jedem M-Markierer 2 M rechts zusammenstr und vor jedem M-Markierer 2 M rechts verschränkt zusammenstr (= 8 M insgesamt). 1 Rd ohne Abnehmen str. Die Raglanabnahmen in jeder 2. Rd (14x) 15x (16x) 17x (18x) wdh (= (84) 92 (96) 104 (116) M). Dann die mittleren (9) 9 (11) 11 (13) M am Vorderteil auf einen Extrafaden setzen und weiter in Hin- und Rückr str. Gleichzeitig mit den Raglanabnahmen für den Hals 2 M am Anfang jeder R an jeder Seite (1x) 1x (1x) 2x (2x) und danach 1 M abnehmen, bis der Halsausschnitt auf die Raglanabnahme trifft.

Halsausschnitt: Zu Nd 4,5 mm wechseln. Die M vom Extrafaden auf die Nd setzen und weiter jeweils 8 bis 9 M je 5 cm auf den Halsabnahmen aufnehmen. Die M-Zahl soll durch 4 teilbar sein. 2 M rechts, 2 M links über (5) 5 (6) 6 (6) cm str und dann locker mit rechten und linken M abk. Die Blende nach innen umschlagen und annähen.

Fertigstellen: Die Ärmelöffnungen schließen

Möhrennase: 16 M in Fb 2 mit dem Ndspiel 4,5 mm anschl. In Rd glatt rechts 3 cm str. * 2 M gleichmäßig verteilt über die Rd abnehmen. 2 cm str, ab * noch 1x wdh. 2 M gleichmäßig verteilt über die Rd abnehmen. 1 cm str. 2 M gleichmäßig verteilt über die Rd abnehmen. 0,5 cm str (= 8 M). In der nächsten Rd 2x 2 M rechts zusammenstr (= 4 M). 1 Rd str. 2 M rechts zusammenstr (= 2 M); die hintere M über die erste M ziehen. Den Faden abschneiden und nach innen in die Nase ziehen, damit die Nase nicht zu spitz endet. Die Nase mit Wolle oder anderem Füllmaterial in passender Menge ausstopfen und auf das Vorderteil aufnähen. Noch 2 große Knöpfe für die Augen über der Nase und 5 kleinere Knöpfe für den Mund unter der Nase annähen (siehe Foto).

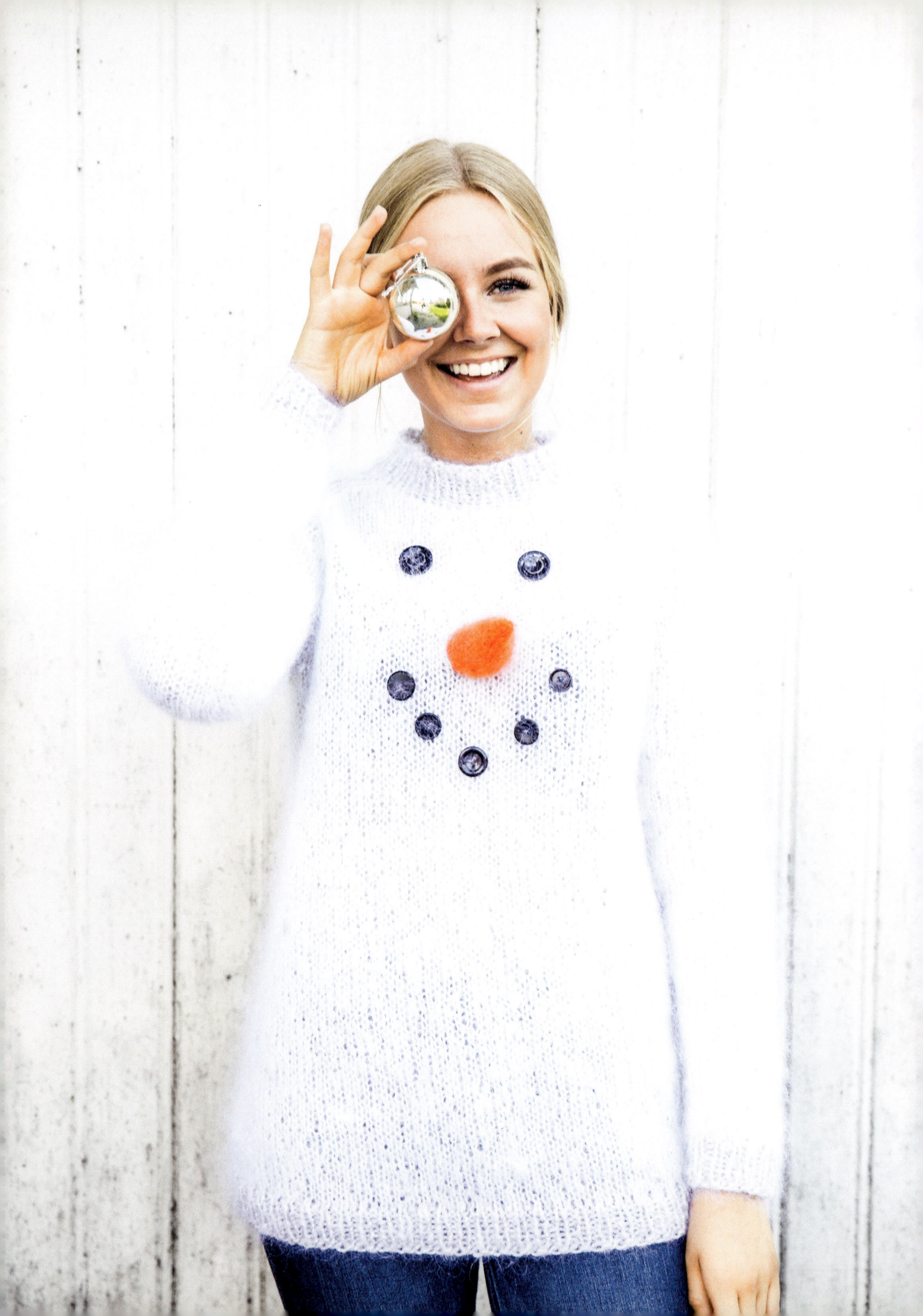

Glitzernder Kalle

Mit dem flauschigen Garn und glitzernden Schneekristallen auf den Ärmeln erhält der Kalle-Pullover (siehe Seite 84) einen femininen Touch.

Damengrößen
(XS) S (M) L (XL) XXL

Maße
Oberweite: (93) 100 (107) 113 (120) 127 cm
Länge: (60) 62 (64) 66 (68) 70 cm
Ärmellänge: (44) 45 (46) 47 (48) 49 cm
Alle Maße beziehen sich auf das fertige Strickstück und sind entsprechend der Maschenprobe berechnet.

Garn
Mohairmischgarn (73 % Mohair, 22 % Wolle, 5 % Polyamid, LL 90 m/50 g)
Viskosegarn (90 % Viskose, 10 % Polyamid, LL 125 m/50 g)

Farbvorschlag
Farbe 1: Mohairmischgarn Weiß
Farbe 2: Viskosegarn Silber
Farbe 3: Mohairmischgarn Orange

Garnverbrauch
Farbe 1: (250) 300 (350) 400 (450) 500 g
Farbe 2: 50 g alle Größen
Farbe 3: 50 g alle Größen

Zubehör
2 große schwarze Knöpfe für die Augen,
5 mittelgroße schwarze Knöpfe für den Mund

Nadeln
Rundstricknadeln 6,0 mm und 7,0 mm,
Nadelspiele 6,0 mm und 7,0 mm oder die passende Nadelstärke entsprechend der Maschenprobe
Nadelspiel 3,5 mm für die Möhrennase

Maschenprobe
Glatt rechts mit Nd 7,0 mm 12 M = 10 cm

Vorder- und Rückenteil: (112) 120 (128) 136 (144) 152 M mit 1 Faden in Fb 1 + 1 Faden in Fb 2 zusammen auf der Rundstricknd 6,0 mm anschl. In Rd 1 M rechts, 1 M links 4 cm str. Fb 2 abschneiden und mit Rundstricknd 7,0 mm wechseln. In Rd glatt rechts nur in Fb 1 weiterstr, bis die Arbeit (47) 48 (48) 49 (50) 50 cm lang ist. Nun die Arbeit in Vorder- und Rückenteil unterteilen: (49) 53 (57) 61 (65) 69 M str (= Rückenteil), die nächsten 7 M abk, dann (49) 53 (57) 61 (65) 69 M (= Vorderteil) und die letzten 7 M abk. Die Arbeit zur Seite legen und die Ärmel str.

Ärmel: (28) 28 (30) 30 (32) 32 M mit 1 Faden in Fb 1 + 1 Faden in Fb 2 zusammen zu Ndspiel 6,0 mm anschl. In Rd 1 M rechts, 1 M links 4 cm str. Fb 2 abschneiden und zu Ndspiel 7,0 mm wechseln. In Rd glatt rechts nur in Fb 1 weiterstr, gleichzeitig in der Rd 1 M für alle Größen zunehmen (= 29) 29 (31) 31 (33) 33 M). Dann etwa alle (7) 6 (6) 5,5 (5,5) 5 cm (5x) 6x (6x) 7x (7x) 8x 2 M zunehmen (= (39) 41 (43) 45 (47) 49 M). Weiterstr, bis der Ärmel die angegebene oder die gewünschte Länge hat. Noch 7 M mittig unter dem Ärmel abk (= (32) 34 (36) 38 (40) 42 M). Die Arbeit zur Seite legen und den zweiten Ärmel auf die gleiche Weise str.

Raglan: Alle Teile in der folgenden Reihenfolge auf die Rundstricknd 7,0 mm setzen: Rückenteil, 1. Ärmel, Vorderteil, 2. Ärmel (= (162) 174 (186) 198 (210) 222 M). Die Rd nun zwischen dem linken Ärmel und dem Rückenteil beginnen und glatt rechts str sowie gleichzeitig an allen 4 Stellen, an denen die Teile aneinanderliegen, 2 M rechts zusammenstr (1 M vom Ärmel + 1 M vom Vorder-/Rückenteil). Diese 4 M sind für die weiteren Raglanabnahmen die Mittel-M. Weiter in Rd glatt rechts arb, über alle M str, dabei in jeder 2. Rd wie folgt abnehmen: vor jeder Mittel-M 2 M rechts verschränkt zusammenstr und nach jeder Mittel-M 2 M rechts zusammenstr (= 8 M insgesamt). Die Raglanabnahmen (10x) 11x (12x) 13x (14x) 15x wdh. Nun die mittleren (9) 9 (11) 11 (13) 13 M am Vorderteil abk, die Rd zu Ende str und den Faden abschneiden. Dann an der vorderen Mitte rechts vom Halsausschnitt anfangen. Weiter in Hin- und Rückr str und dabei am Anfang jeder R am Hals (2, 2, 1), 2, 2, 2, (2, 2, 2), 2, 2, 1, 1, (2, 2, 1, 1), 2,2,2,1 M auf jeder Seite abnehmen, dabei gleichzeitig weiter für den Raglan abnehmen.

Halsausschnitt: Die restlichen M zu Nd 6,0 mm setzen. Über diese M rechte M str und weiter rund um den Hals mit 1 Faden in Fb 1 + 1 Faden in Fb 2 zusammen etwa 5 bis 6 M je 5 cm aufnehmen. Die M-Zahl muss durch 2 teilbar sein. In Rd 1 M rechts, 1 M links str, bis der Halsausschnitt ca. 4 cm hoch ist. Die Blende locker mit rechten und linken M abk.

Fertigstellen: Die Ärmelöffnungen schließen.

Möhrennase: 20 M in Fb 3 mit dem Ndspiel 3,5 mm anschl. In Rd glatt rechts 4 cm str. * 2 M gleichmäßig verteilt über die Rd abnehmen. 2 cm str, ab * noch 1x wdh. * 2 M gleichmäßig verteilt über die Rd abnehmen. 1 cm str, ab * noch 1x wdh (= 12 M). * 3 M gleichmäßig verteilt über die Rd abnehmen. 2 Rd str, ab * noch 1x wdh. 3 M gleichmäßig verteilt über die Rd abnehmen (= 3 M). In der nächsten Rd 2 M rechts zusammenstr und die hintere M über die erste M ziehen. Den Faden abschneiden und nach innen in die Nase ziehen, damit die Nase nicht zu spitz endet.
Die Nase mit Wolle oder anderem Füllmaterial in passender Menge ausstopfen und auf das Vorderteil aufnähen. Noch 2 große Knöpfe für die Augen über der Nase und 5 kleinere Knöpfe für den Mund unter der Nase annähen (siehe Foto). Wer mag, kann noch »Schneekristalle« mit Kreuzstich in Fb 2 oder mit 1 Faden in Fb 1 + 1 Faden in Fb 2 aufsticken. Die Schneekristalle in verschiedenen Größen gleichmäßig verteilt über den gesamten Pullover oder auch nur auf die Ärmel sticken.

Glitzernder Kalle für Kinder

Größen
(4) 6 (8) 10 (12) Jahre

Maße
Oberweite: (67) 73 (80) 87 (93) cm
Länge: (42) 45 (50) 54 (58) cm
Ärmellänge: (29) 32 (35) 38 (42) cm
Alle Maße beziehen sich auf das fertige Strickstück und sind entsprechend der Maschenprobe berechnet.

Garn
Mohairmischgarn (73 % Mohair, 22 % Wolle, 5 % Polyamid, LL 90 m/50 g)
Viskosegarn (90 % Viskose, 10 % Polyamid, LL 125 m/50 g)

Farbvorschlag
Farbe 1: Mohairmischgarn Weiß
Farbe 2: Viskosegarn Silber
Farbe 3: Mohairmischgarn Orange

Garnverbrauch
Farbe 1: (250) 300 (350) 400 (450) 500 g
Farbe 2: 50 g alle Größen
Farbe 3: 50 g alle Größen

Zubehör
2 große schwarze Knöpfe für die Augen,
5 mittelgroße schwarze Knöpfe für den Mund

Nadeln
Rundstricknadeln 6,0 mm und 7,0 mm, Nadelspiele 6,0 mm und 7,0 mm oder die passende Nadelstärke entsprechend der Maschenprobe
Nadelspiel 3,5 mm für die Möhrennase

Maschenprobe
Glatt rechts mit Nd 7,0 mm 12 M = 10 cm

Vorder- und Rückenteil: (80) 88 (96) 104 (112) M mit 1 Faden in Fb 1 + 1 Faden in Fb 2 zusammen auf der Rundstricknd 6,0 mm anschl. In Rd 1 M rechts, 1 M links (3) 3 (3) 4 (4) cm str. Fb 2 abschneiden und zu Nd 7,0 mm wechseln. In Rd glatt rechts nur in Fb 1 weiterstr, bis die Arbeit (28) 30 (34) 37 (40) cm lang ist. Nun die Arbeit in Vorder- und Rückenteil unterteilen: (33) 37 (41) 45 (49) M str (= Rückenteil), die nächsten 7 M abk, dann (33) 37 (41) 45 (49) M (= Vorderteil) und die letzten 7 M abk. Die Arbeit zur Seite legen und die Ärmel str.

Ärmel: (20) 22 (24) 26 (28) M mit 1 Faden in Fb 1 + 1 Faden in Fb 2 zusammen zu Ndspiel 6,0 mm anschl. In Rd 1 M rechts, 1 M links (3) 3 (3) 4 (4) cm str. Fb 2 abschneiden und zu Nd 7,0 mm wechseln. In Rd glatt rechts nur in Fb 1 weiterstr. 1 M am Anfang und Ende der Rd mit 2 M dazwischen etwa alle (4,5) 5 (5,5) 6,5 (7) cm 4x für alle Größen zunehmen (= (28) 30 (32) 34 (36) M). Weiterstr, bis der Ärmel die angegebene oder die gewünschte Länge hat. Noch 7 M mittig unter dem Ärmel abk (= (21) 23 (25) 27 (29) M). Die Arbeit zur Seite legen und den zweiten Ärmel auf die gleiche Weise str.

Raglan: Alle Teile in der folgenden Reihenfolge auf die Rundstricknd 7,0 mm setzen: Rückenteil, 1. Ärmel, Vorderteil, 2. Ärmel (= (108) 120 (132) 144 (156) M). Die Rd nun zwischen dem linken Ärmel und dem Rückenteil beginnen und glatt rechts str sowie gleichzeitig an allen 4 Stellen, an denen die Teile aneinanderliegen, 2 M rechts zusammenstr (1 M vom Ärmel + 1 M vom Vorder-/Rückenteil). Diese 4 M sind für die weiteren Raglanabnahmen die Mittel-M. Weiter in Rd glatt rechts arb, über alle M str, dabei in jeder 2. Rd wie folgt abnehmen: vor jeder Mittel-M 2 M rechts verschränkt zusammenstr und nach jeder Mittel-M 2 M rechts zusammenstr (= 8 M insgesamt). Die Raglanabnahmen (6x) 7x (8x) 9x (10x) wdh. Nun die mittleren (9) 9 (11) 11 (13) M am Vorderteil abk, die Rd zu Ende str und den Faden abschneiden. Dann an der vorderen Mitte rechts vom Halsausschnitt anfangen. Weiter in Hin- und Rückr str und dabei am Anfang jeder R am Hals (2, 1), 2, 2 (2, 1, 1), 2, 1, 1, (2, 1, 1) M auf jeder Seite abnehmen, dabei gleichzeitig weiter für den Raglan abnehmen.

Halsausschnitt: Die restlichen M zu Nd 6,0 mm setzen. Über diese M rechte M str und weiter rund um den Hals mit 1 Faden in Fb 1 + 1 Faden in Fb 2 zusammen etwa 5 bis 6 M je 5 cm aufnehmen. Die M-Zahl muss durch 2 teilbar sein. In Rd 1 M rechts, 1 M links str, bis der Halsausschnitt ca. (3) 3 (3) 4 (4) cm hoch ist. Die Blende locker mit rechten und linken M abk.

Fertigstellen: Die Ärmelöffnungen schließen.

Möhrennase: 16 M in Fb 3 mit dem Ndspiel 3,5 mm anschl. In Rd glatt rechts 4 cm str. * 2 M gleichmäßig verteilt über die Rd abnehmen. 2 cm str, ab * noch 1x wdh. 2 M gleichmäßig verteilt über die Rd abnehmen. 1 cm str. 2 M gleichmäßig verteilt über die Rd abnehmen. 0,5 cm str (= 8 M). In der nächsten Rd 2 M rechts zusammenstr (= 4 M). 1 Rd str. 2x 2 M rechts zusammenstr (= 2 M), dann die hintere M über die erste M ziehen. Den Faden abschneiden und nach innen in die Nase ziehen, damit die Nase nicht zu spitz endet.
Die Nase mit Wolle oder anderem Füllmaterial in passender Menge ausstopfen und auf das Vorderteil aufnähen. Noch 2 große Knöpfe für die Augen über der Nase und 5 kleinere Knöpfe für den Mund unter der Nase annähen (siehe Foto).

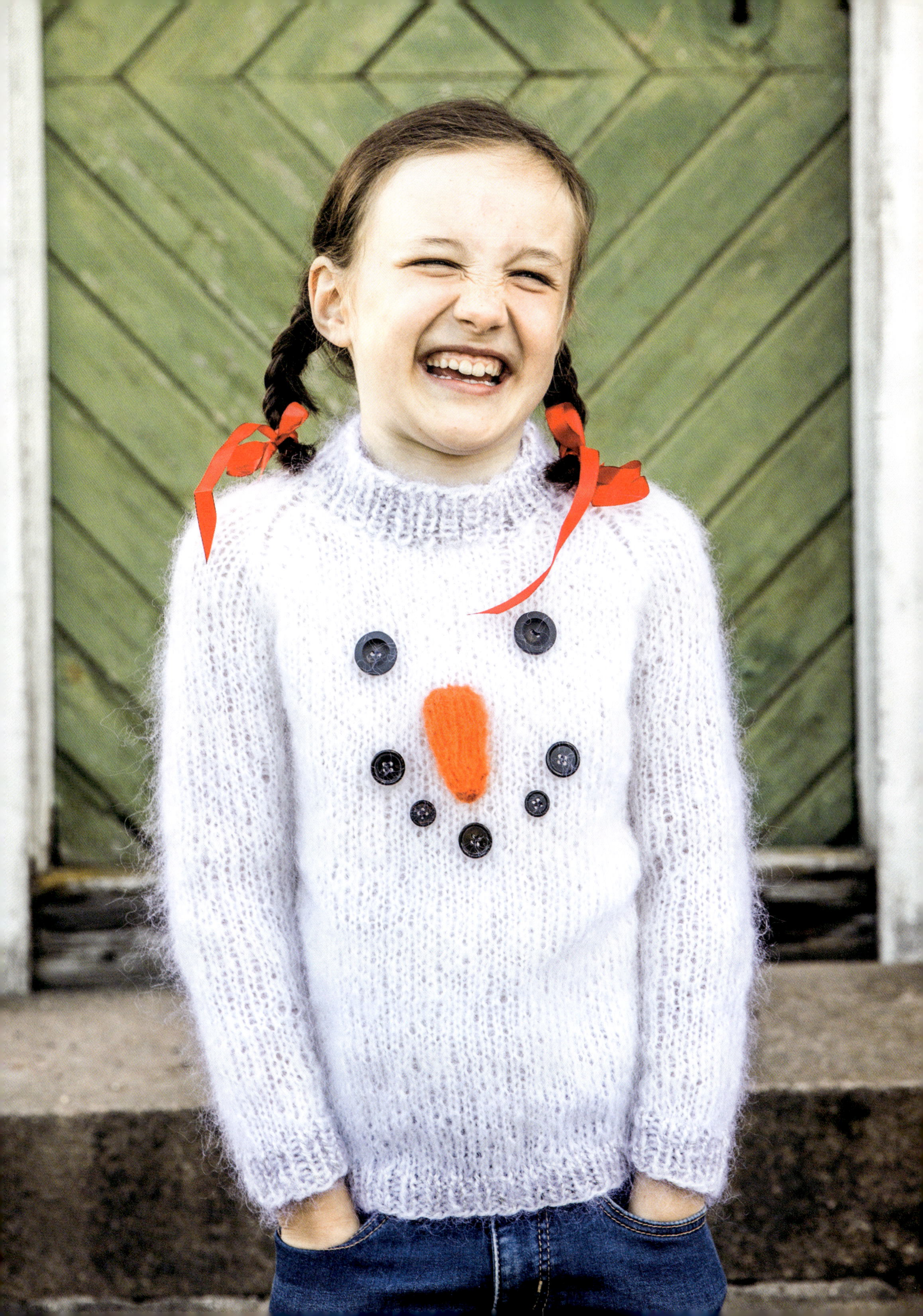

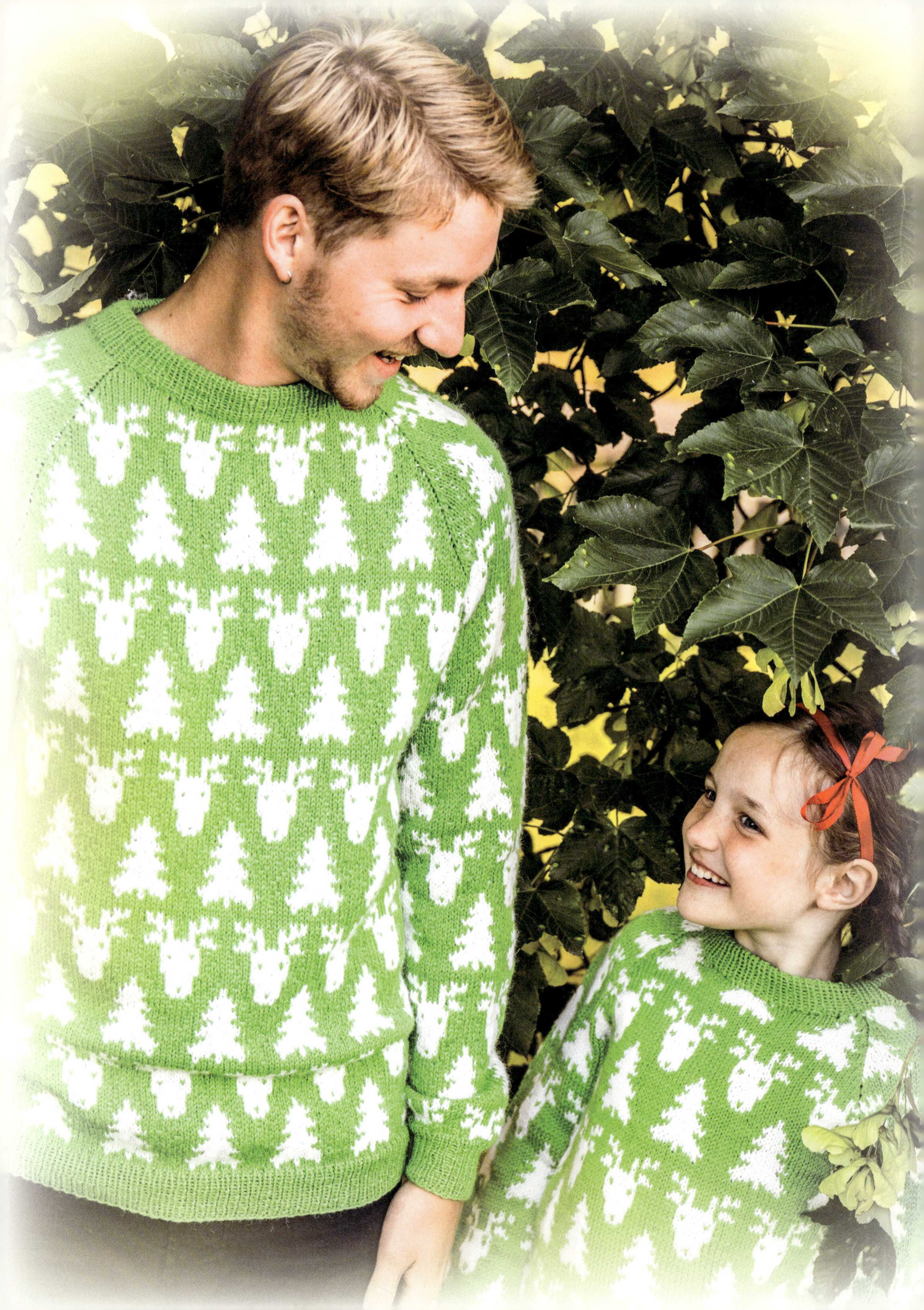

Weihnachtliches Grün

Tannenbäume und Rentiere wechseln sich auf diesem Pullover im schönsten weihnachtlichen Grün ab. Er steht Mädchen ebenso gut wie Jungen und passt Groß und Klein.

Unisex-Größen
(XS) S (M) L (XL) XXL

Maße
Oberweite: (87) 95 (102) 109 (116) 124 cm
Länge: (62) 64 (66) 68 (70) 72 cm
Ärmellänge: (46) 47 (48) 49 (50) 51 cm
Alle Maße beziehen sich auf das fertige Strickstück und sind entsprechend der Maschenprobe berechnet.

Garn
Alpakamischgarn (40 % Alpaka, 40 % Merinowolle, 20 % Nylon, LL 137 m/50 g)

Farbvorschlag
Farbe 1: Lindgrün
Farbe 2: Weiß

Garnverbrauch
Farbe 1: (300) 350 (350) 400 (450) 500 g
Farbe 2: (200) 200 (200) 250 (250) 300 g

Zubehör
4 Maschenmarkierer

Nadeln
Rundstricknadeln 3,0 mm und 3,5 mm, Nadelspiele 3,0 mm und 3,5 mm oder die passende Nadelstärke entsprechend der Maschenprobe

Maschenprobe
Im Muster A mit Nd 3,5 mm 22 M = 10 cm

Vorder- und Rückenteil: (192) 208 (224) 240 (256) 272 M in Fb 1 auf der Rundstricknd 3,0 mm anschl. Das Bündchen in Rd 1 M rechts, 1 M links 5 cm str. Auf die Rundstricknd 3,5 mm wechseln und 1 Rd rechte M str sowie auf jeder Seite nach (97) 105 (113) 121 (129) 137 M einen M-Markierer für das Vorderteil und nach (95) 103 (111) 119 (127) 135 M für das Rückenteil setzen. Den Musterrapport auf der linken Seite beginnen. In Rd Muster A str und beim Pfeil für die gewählte Größe beginnen. Weiterarb, bis zu einer Höhe von (42) 43 (44) 45 (46) 47 cm. Nun 5 M auf jeder Seite der beiden M-Markierer abnehmen (= (42) 43 (44) 45 (46) 47 M beim Vorderteil und (85) 93 (101) 109 (117) 125 M beim Rückenteil). Die Arbeit zur Seite legen und die Ärmel str.

Ärmel: (44) 46 (48) 50 (52) 54 M in Fb 1 mit Ndspiel 3,0 mm anschl. 5 cm in Rd 2 M rechts, 2 M links str. Zu Ndspiel 3,5 mm wechseln und 1 Rd rechts str sowie gleichzeitig (53) 55 (57) 59 (61) 63 M gleichmäßig verteilt zunehmen. In Rd Muster A str, dabei die Pfeile auf der linken Seite beachten, die die Ärmelmitte markieren und ausrechnen, wo seitlich davon das Muster beginnt; die Pfeile unter der Strickschrift zeigen die Ärmelmitte an. Von diesem Pfeil aus zählen, wo mit der Rd begonnen werden muss. 1 M am Anfang und Ende der Rd sowie ca. alle 2 cm 2 M (16x) 17x (18x) 19x (20x) 21x zunehmen (= (85) 89 (93) 97 (101) 105 M). Weiterstr, bis der Ärmel die angegebene Länge hat und mit derselben Rd in Muster A wie beim Vorder- und Rückenteil enden. Die Arbeit zur Seite legen und den 2. Ärmel auf die gleiche Weise str.

Raglan: Alle Teile in der folgenden Reihenfolge auf die Rundstricknd 3,5 mm setzen: Rückenteil, erster Ärmel, Vorderteil, zweiter Ärmel (= (322) 346 (370) 394 (418) 442 M). Die Rd nun zwischen dem linken Ärmel und dem Rückenteil beginnen. Dort, wo sich die Teile treffen, 4 M-Markierer setzen. Weiter in Rd mit Muster A arb und 2 Rd str. In der nächsten Rd wie folgt abnehmen: Nach jedem M-Markierer 2 M rechts zusammenstr und vor jedem M-Markierer 2 M rechts verschränkt zusammenstr (= 8 M insgesamt). 1 Rd ohne Abnahmen str. Die Raglanabnahmen in jeder 2. Rd (25x) 26x (27x) 28x (29x) 30x wdh (= (122) 138 (154) 170 (186) 202 M). Dann die mittleren (13) 15 (17) 19 (21) 23 M am Vorderteil für den Halsausschnitt abk und weiter in Hin- und Rückr str. Für den Hals am Anfang jeder R an jeder Seite (4, 3, 2), 4, 3, 2, (4, 3, 2, 2), 4, 3, 2, 2, (4, 4, 3, 2), 4, 4, 3, 2, 1 M und gleichzeitig weiter für den Raglan abnehmen. Danach noch 1x 1 M am Beginn jeder 2. R für den Halsausschnitt abnehmen, um dann auf die Raglanabnahme zu treffen. Zu Nd 3,0 mm wechseln und in Fb 1 weiterarb. 10 bis 11 M je 5 cm auf der

Muster A

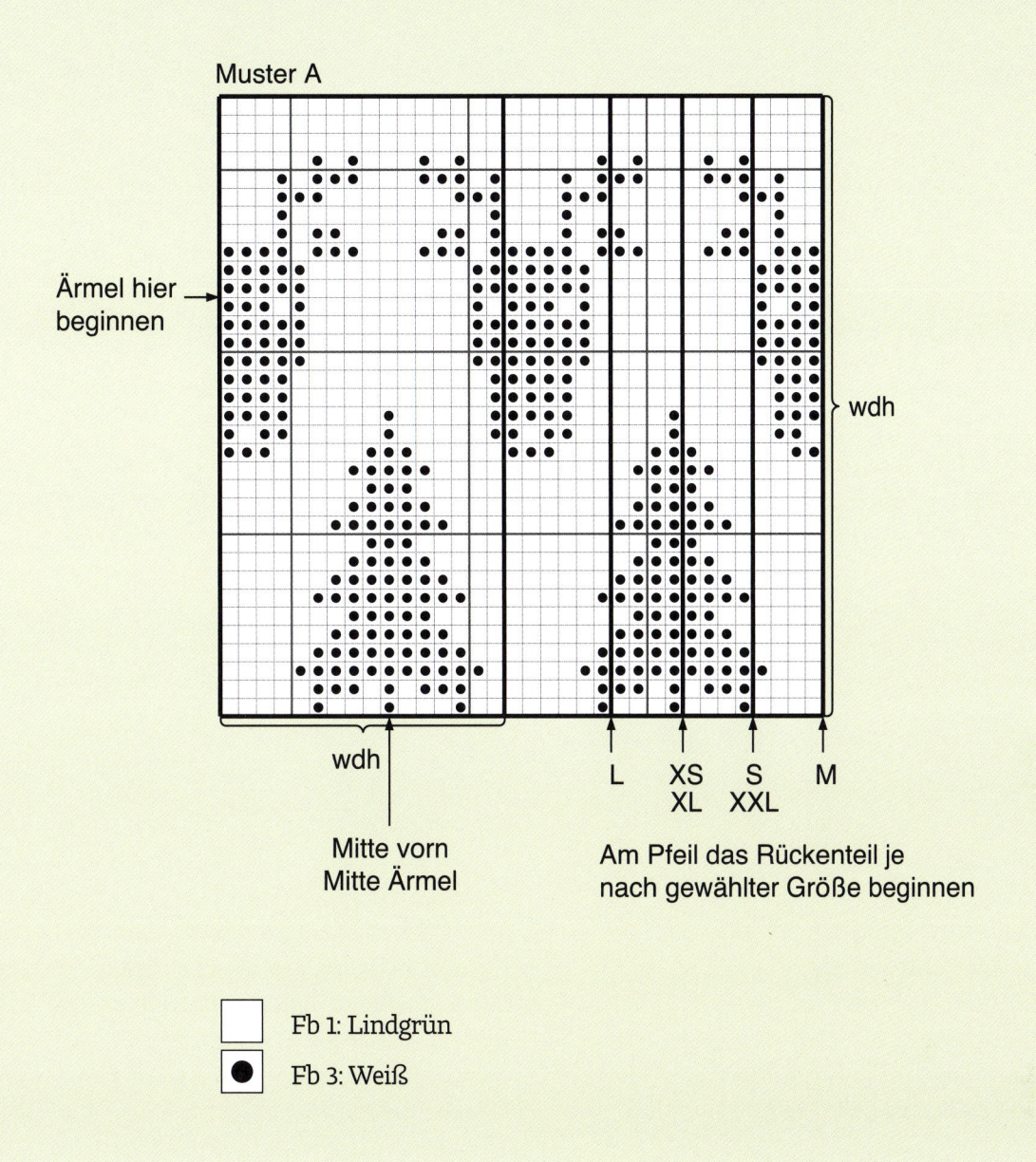

- Ärmel hier beginnen
- wdh
- wdh
- Mitte vorn / Mitte Ärmel
- L XS S M
-    XL XXL
- Am Pfeil das Rückenteil je nach gewählter Größe beginnen

☐ Fb 1: Lindgrün
● Fb 3: Weiß

Abnahme am Halsausschnitt aufnehmen. Die M-Zahl muss durch 2 teilbar sein. In Rd 1 M rechts, 1 M links 7 cm str. Die Blende locker mit jeweils rechten und linken M abk, nach innen doppelt einschlagen und annähen.

Fertigstellen: Die Ärmelöffnungen schließen.

Weihnachtliches Grün für Kinder

Größen
(2) 4 (6) 8 (10) 12 Jahre

Maße
Oberweite: (62) 65 (69) 73 (78) 82 cm
Länge: (38) 42 (46) 50 (54) 56 cm
Ärmellänge: (26) 29 (32) 35 (38) 39 cm
Alle Maße beziehen sich auf das fertige Strickstück und sind entsprechend der Maschenprobe berechnet.

Garn
Alpakamischgarn (40 % Alpaka, 40 % Merinowolle, 20 % Nylon, LL 137 m/50 g)

Farbvorschlag
Farbe 1: Lindgrün
Farbe 2: Weiß

Garnverbrauch
Farbe 1: (150) 150 (200) 200 (250) 250 g
Farbe 2: (100) 100 (100) 100 (150) 150 g

Zubehör
4 Maschenmarkierer

Nadeln
Rundstricknadeln 3,0 mm und 3,5 mm, Nadelspiele 3,0 mm und 3,5 mm oder die passende Nadelstärke entsprechend der Maschenprobe

Maschenprobe
Im Muster A mit Nd 3,5 mm 22 M = 10 cm

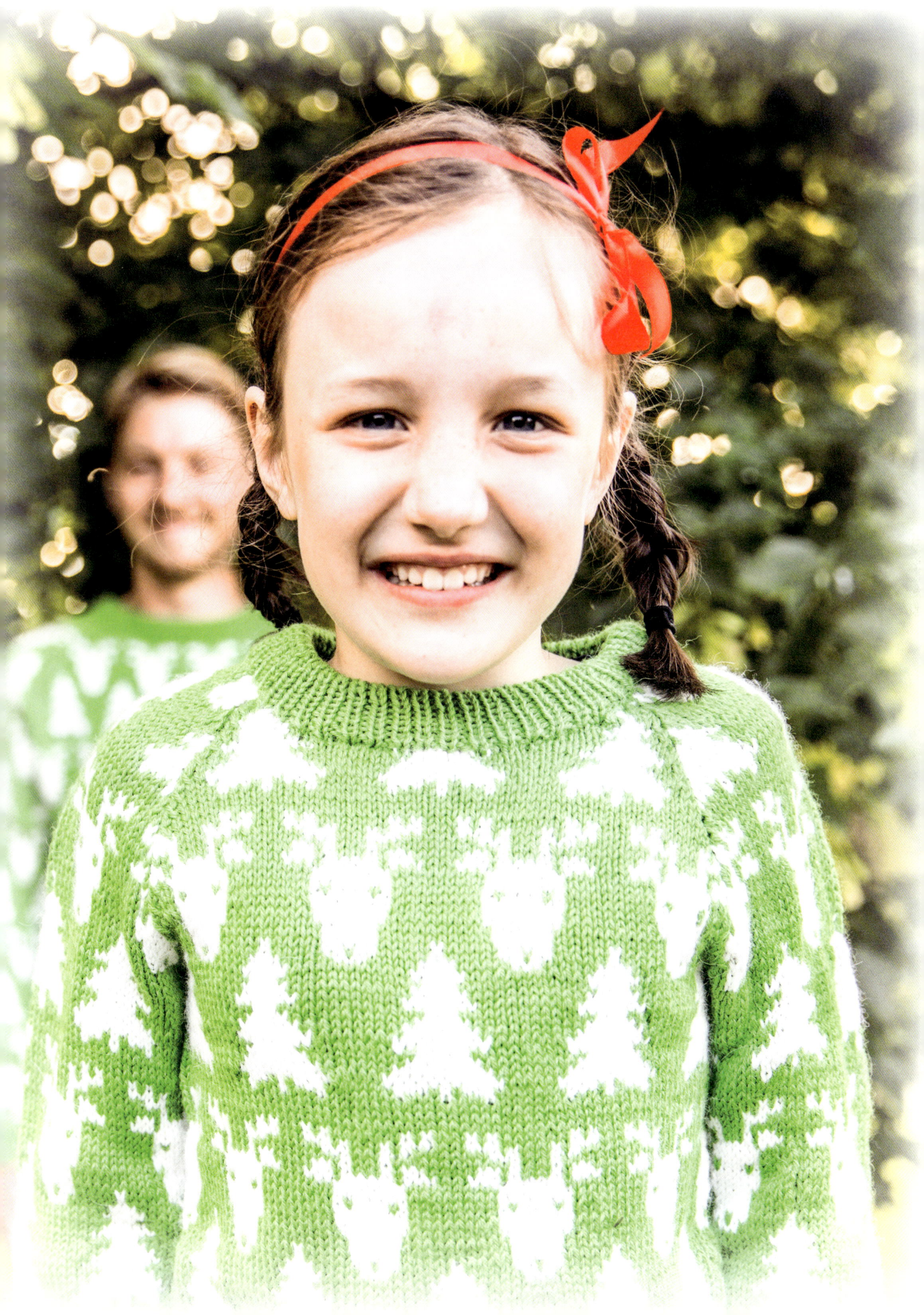

Vorder- und Rückenteil: (136) 144 (152) 160 (172) 180 M in Fb 1 auf der Rundstricknd 3,0 mm anschl. Das Bündchen in Rd 1 M rechts, 1 M links (4) 4 (4) 5 (5) 5 cm str. Auf die Rundstricknd 3,5 mm wechseln und 1 Rd rechte M str sowie auf jeder Seite nach (69) 73 (77) 81 (87) 91 M einen M-Markierer für das Vorderteil und nach (67) 71 (75) 79 (85) 89 M für das Rückenteil setzen. Den Musterrapport auf der linken Seite beginnen. In Rd Muster A str und beim Pfeil für die gewählte Größe beginnen. Weiterarb, bis zu einer Höhe von (26) 29 (32) 35 (38) 39 cm. Nun 4 M auf jeder Seite der beiden M-Markierer abnehmen (= (61) 65 (69) 73 (79) 83 M beim Vorderteil und (59) 63 (67) 71 (77) 81 M beim Rückenteil). Die Arbeit zur Seite legen und die Ärmel str.

Ärmel: (40) 42 (44) 46 (48) 50 M in Fb 1 mit Ndspiel 3,0 mm anschl. (4) 4 (4) 5 (5) 5 cm in Rd 2 M rechts, 2 M links str. Zu Ndspiel 3,5 mm wechseln und 1 Rd rechts str sowie gleichzeitig 1 M für alle Größen zunehmen (= (41) 43 (45) 47 (49) 51 M). In Rd Muster A str, dabei den Pfeil beachten, der die Ärmelmitte markiert und ausrechnen, wo mit der Rd angefangen werden muss. 1 M am Anfang und Ende der Rd sowie ca. alle (2,5) 2,5 (2,5) 2,5 (2,5) 2 cm 2 M (7x) 8x (9x) 10x (11x) 12x zunehmen (= (55) 59 (63) 67 (71) 75 M). Weiterstr, bis der Ärmel die angegebene Länge hat und mit derselben Rd in Muster A wie beim Vorder- und Rückenteil enden. 4 M jeweils am Anfang und Ende der Rd abk (= 8 M), Abnahme mittig unter dem Ärmel (= (47) 51 (55) 59 (63) 67 M). Die Arbeit zur Seite legen und den 2. Ärmel auf die gleiche Weise str.

Raglan: Alle Teile in der folgenden Reihenfolge auf die Rundstricknd 3,5 mm setzen: Rückenteil, erster Ärmel, Vorderteil, zweiter Ärmel (= (214) 230 (246) 262 (282) 298 M). Die Rd nun zwischen dem linken Ärmel und dem Rückenteil beginnen. Dort, wo sich die Teile treffen, 4 M-Markierer setzen. Weiter in Rd mit Muster A arb und 2 Rd str. In der nächsten Rd wie folgt abnehmen: Nach jedem M-Markierer 2 M rechts zusammenstr und vor jedem M-Markierer 2 M rechts verschränkt zusammenstr (= 8 M insgesamt). 1 Rd ohne Abnahmen str. Die Raglanabnahmen in jeder 2. Rd wdh, bis die Arbeit (4) 5 (5) 5 (6) 6 cm kürzer ist als die Gesamtlänge, gemessen an der vorderen Mitte. Bis zur angegebenen Länge fertigstr und locker abk.

Halsausschnitt: Um den Ausschnitt etwa 11 M je 5 cm oder ca. (86) 88 (92) 96 (98) 100 M zu Nd 3,0 mm in Fb 1 aufnehmen. Die M-Zahl muss durch 2 teilbar sein. In Rd 1 M rechts, 1 M links 5 bis 6 cm str. Die Blende locker mit jeweils rechten und linken M abk, nach innen doppelt einschlagen und annähen.

Fertigstellen: Die Ärmelöffnungen schließen.

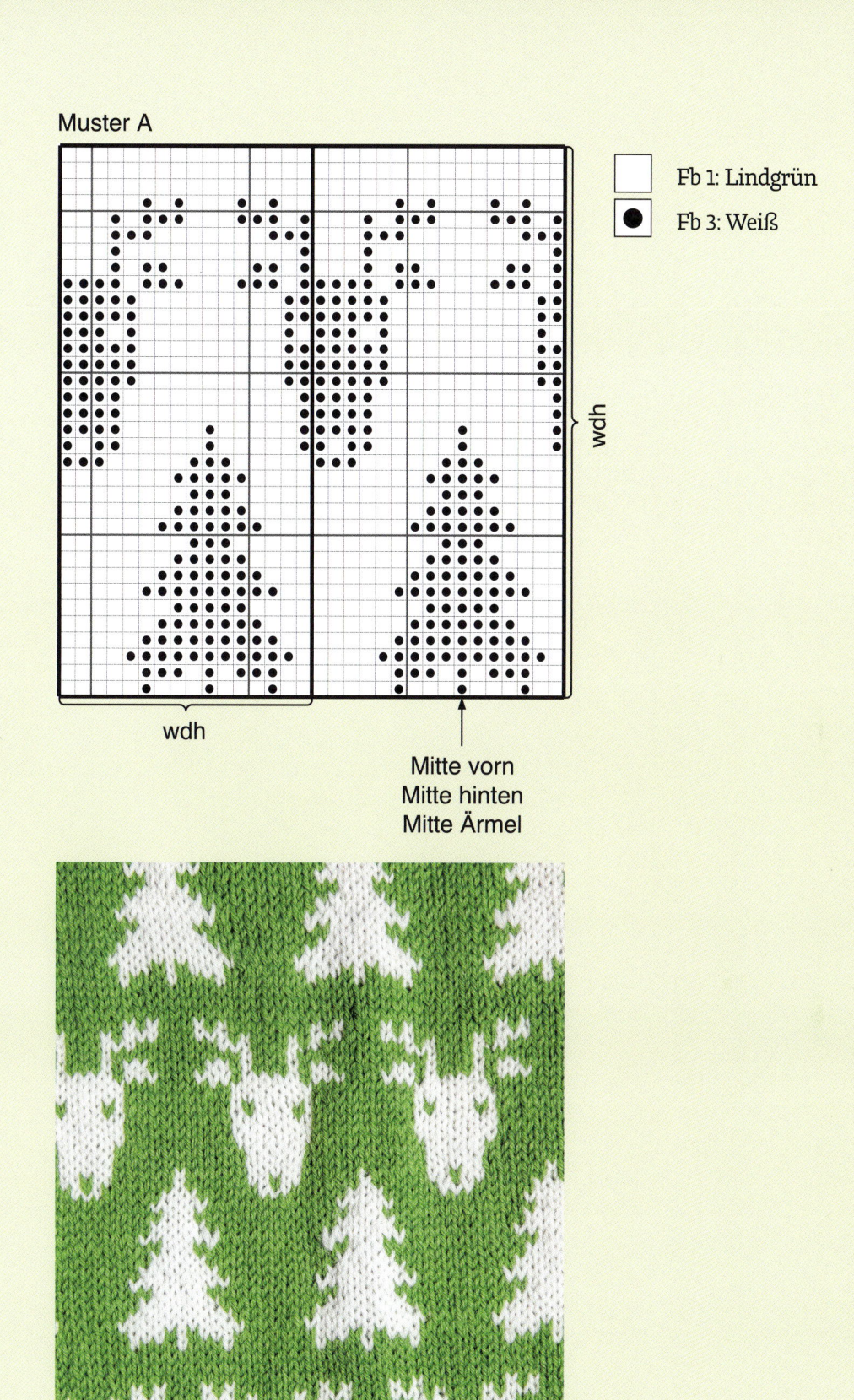

Muster A

☐ Fb 1: Lindgrün
● Fb 3: Weiß

wdh

wdh

Mitte vorn
Mitte hinten
Mitte Ärmel

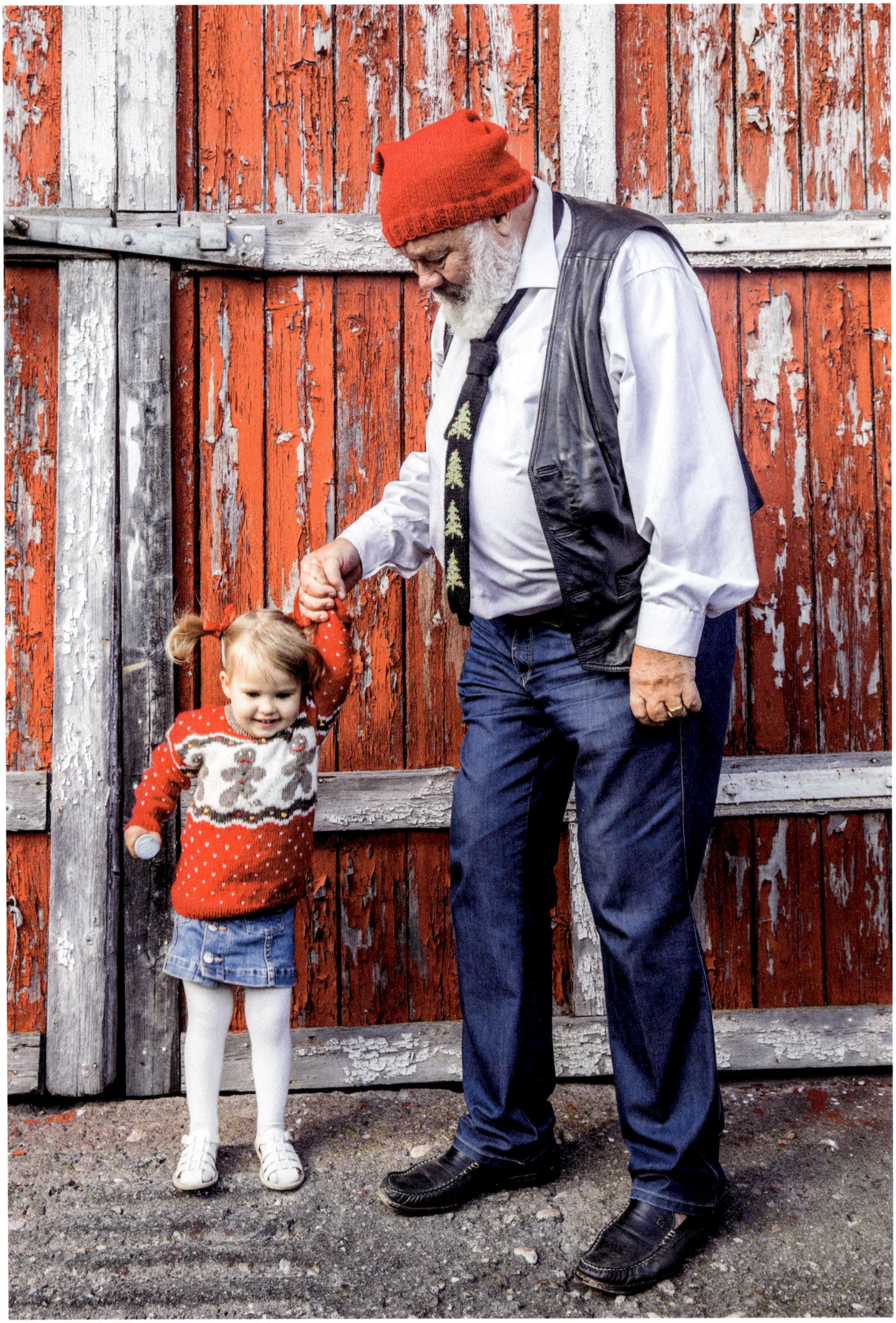

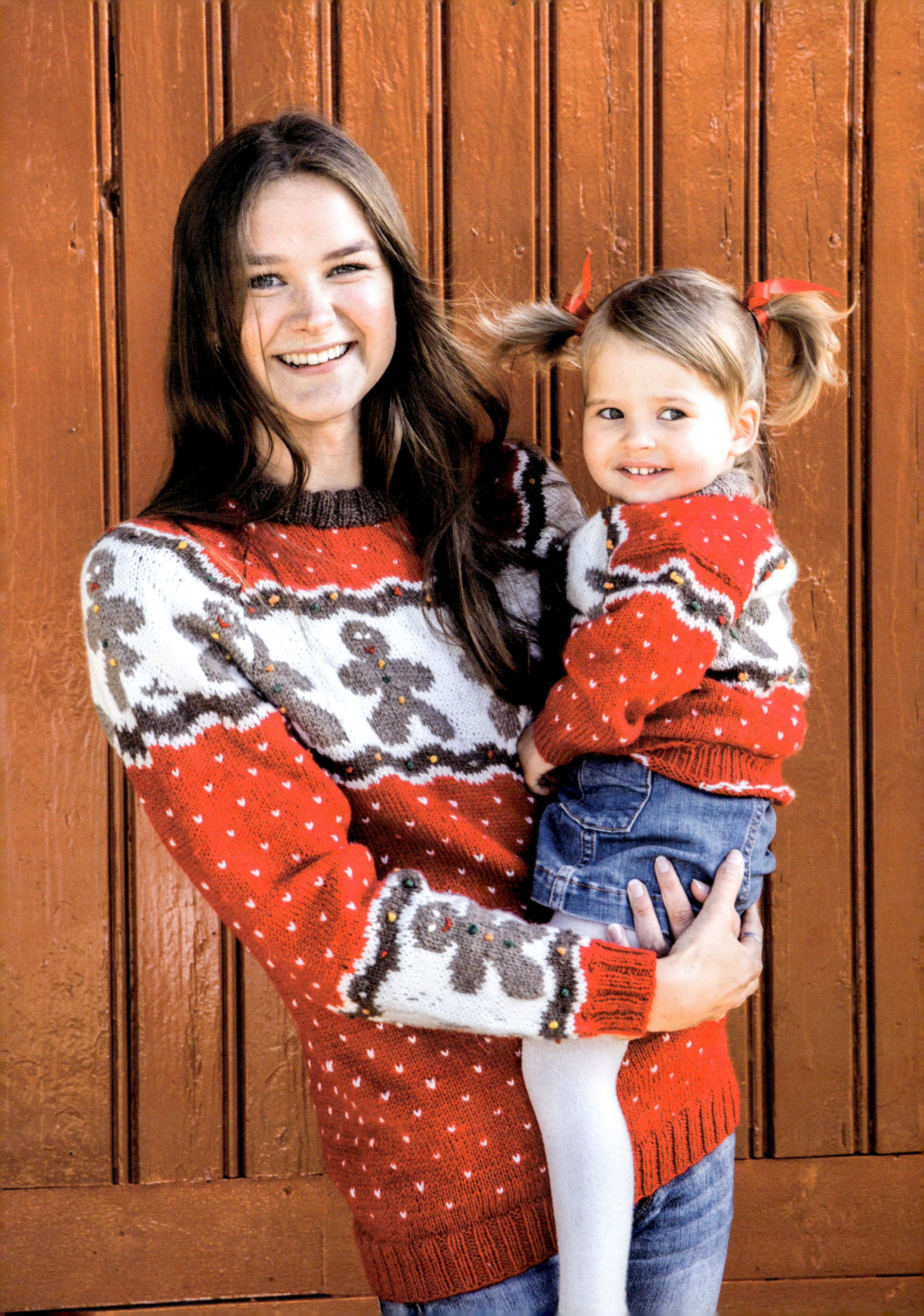

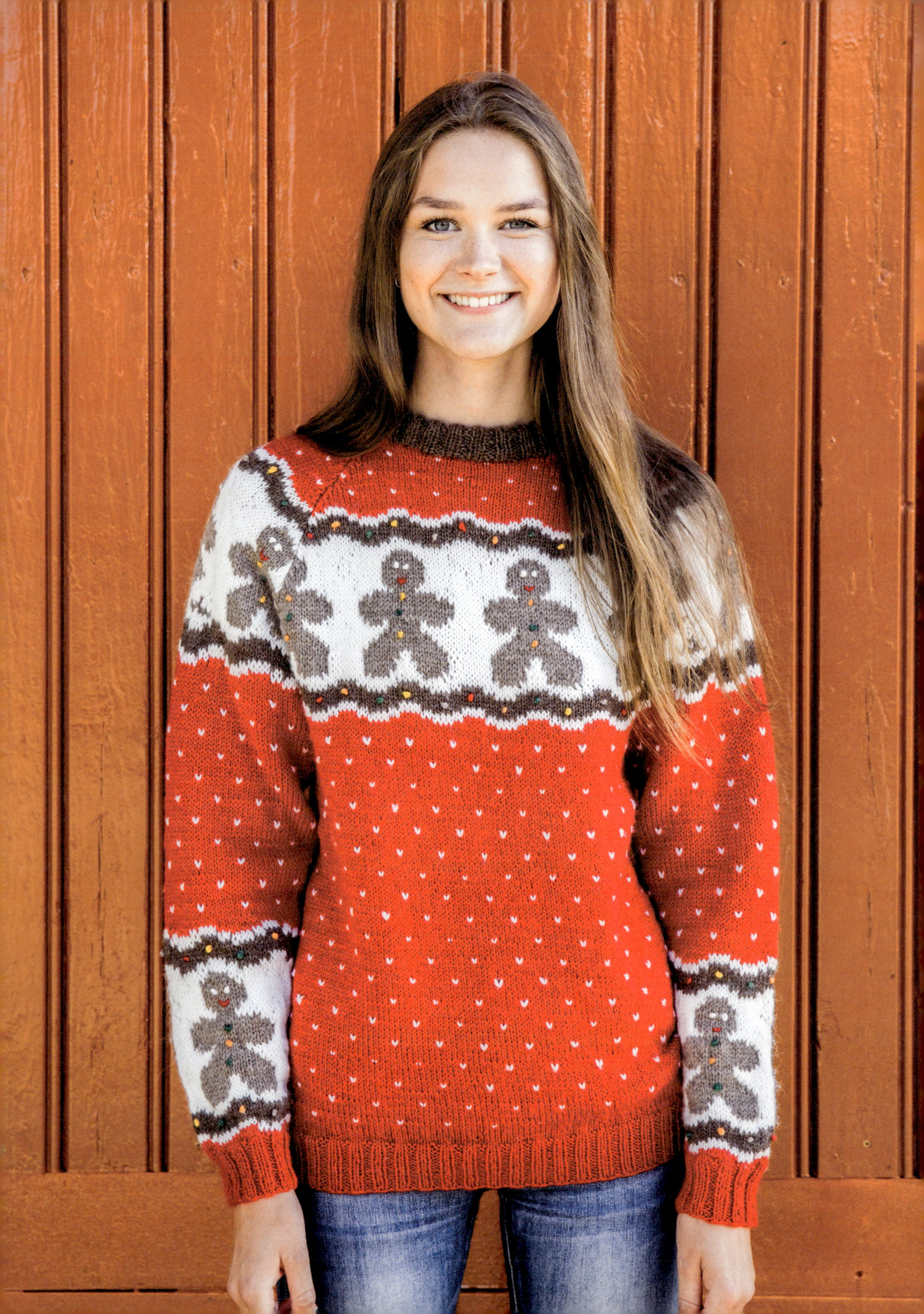

Süße Pfefferkuchen

Ein Pullover in schönstem Weihnachtsrot mit einem Reigen von Pfefferkuchenmännchen als Modelle für Erwachsene und Kinder. Für die Allerkleinsten haben wir einen Strampler mit demselben Muster vorbereitet. Und du bestimmst, ob die Männchen freundlich schauen oder auch mal böse, weil sie angeknabbert sind.

Unisex-Größen
(XS) S (M) L (XL) XXL

Maße
Oberweite: (87) 95 (102) 109 (116) 124 cm
Länge: (62) 64 (66) 68 (70) 72 cm
Ärmellänge: (46) 47 (48) 49 (50) 51 cm
Alle Maße beziehen sich auf das fertige Strickstück und sind entsprechend der Maschenprobe berechnet.

Garn
Alpakamischgarn (40 % Alpaka, 40 % Merinowolle, 20 % Nylon, LL 137 m/50 g)

Farbvorschlag
Farbe 1: Rot
Farbe 2: Weiß
Farbe 3: Braun meliert
Farbe 4: Hellbraun meliert
+ evtl. bunte Reste zum Verzieren

Garnverbrauch
Farbe 1: (300) 300 (350) 350 (400) 400 g
Farbe 2: (100) 100 (150) 150 (150) 150 g
Farbe 3: 50 g alle Größen
Farbe 4: 100 g alle Größen
+ evtl. bunte Reste zum Verzieren

Zubehör
4 Maschenmarkierer

Nadeln
Rundstricknadeln 3,0 mm und 3,5 mm, Nadelspiele 3,0 mm und 3,5 mm oder die passende Nadelstärke entsprechend der Maschenprobe

Maschenprobe
Im Muster A mit Nd 3,5 mm
22 M und 28 Rd = 10 cm x 10 cm

Muster B je nach Belieben mit ganzen oder angeknabberten Männchen str.

Vorder- und Rückenteil: (192) 208 (224) 240 (256) 272 M in Fb 1 auf der Rundstricknd 3,0 mm anschl. Das Bündchen in Rd 2 M rechts, 2 M links 5 cm str. Auf die Rundstricknd 3,5 mm wechseln und 1 Rd rechte M str sowie gleichzeitig auf jeder Seite nach (96) 104 (112) 120 (128) 136 M jeweils einen M-Markierer für jedes Teil setzen. Den Musterrapport auf der linken Seite beginnen. In Rd Muster A str, bis zu einer Höhe von etwa (39) 40 (41) 42 (43) 44 cm; mit einem abgeschlossenen Rapport von Muster A enden. Dann in Rd Muster B arb, dabei die Pfeile beachten, die die vordere und hintere Mitte markieren und ausrechnen, wo seitlich davon mit dem Muster begonnen werden muss (das Muster geht an den Seiten nicht auf). Weiterstr bis zur letzten Rd vor der Armlochabnahme. Nun 5 M auf jeder Seite der beiden M-Markierer abk (= (86) 94 (102) 110 (118) 126 M bei jedem Teil). Die Arbeit zur Seite legen und die Ärmel str.

Ärmel: (44) 48 (48) 52 (52) 56 M in Fb 1 mit Ndspiel 3,0 mm anschl. 5 cm in Rd 2 M rechts, 2 M links str. Auf Rundstricknd 3,5 mm wechseln und 1 Rd rechts str, dabei gleichzeitig gleichmäßig verteilt (52) 54 (56) 58 (60) 62 M zunehmen. In Rd Muster B str, dabei die Pfeile beachten, die die Ärmelmitte markieren und ausrechnen, wo seitlich davon das Muster beginnt. 1 M am Anfang und Ende der Rd sowie ca. alle 2 cm 2 M (16x) 17x (18x) 19x (20x) 21x zunehmen (= (84) 88 (92) 96 (100) 104 M). Nach Muster B mit Muster A weiterstr, bis man 3 cm vor der angegebenen oder gewünschten Gesamtlänge ist und mit derselben Rd in Muster A wie beim Vorder- und Rückenteil enden. Dann wieder Muster B str, dabei die Pfeile beachten, die die Ärmelmitte markieren und ausrechnen, wo seitlich davon mit dem Muster begonnen werden muss. Weiterstr bis zur letzten Rd vor der Armlochabnahme. Noch 10 M mittig unter dem Ärmel abk (= (74) 78 (82) 86 (90) 94 M). Die Arbeit zur Seite legen und den zweiten Ärmel auf die gleiche Weise str.

Raglan: Alle Teile in der folgenden Reihenfolge auf die Rundstricknd 3,5 mm setzen: Rückenteil, 1. Ärmel, Vorderteil, 2. Ärmel (= (320) 344 (368) 392 (416) 440 M). Die Rd nun zwischen dem linken Ärmel und dem Rückenteil beginnen. Dort, wo sich die Teile treffen, 4 M-Markierer setzen. Weiter in Rd mit Muster B arb und 2 Rd str (nach Muster B mit Muster A weiterarb). In der nächsten Rd wie folgt abnehmen: Nach jedem M-Markierer 2 M rechts zusammenstr und vor jedem M-Markierer 2 M rechts verschränkt zusammenstr (= 8 M insgesamt). 1 Rd ohne Abnahmen str. Die Raglanabnahmen in jeder 2. Rd (25x) 26x (27x) 28x (29x) 30x wdh (= (120) 136 (152) 168 (184) 200 M). Dann die mittleren (12) 14 (16) 18 (20) 22 M am Vorderteil für den Halsausschnitt abk und weiter in Hin- und Rückr str. Für den Hals am Anfang jeder R an jeder Seite (4, 3, 2), 4, 3, 2, (4, 3, 2, 2), 4, 3, 2, 2, (4, 4, 3, 2), 4, 4, 3, 2, 1 M und gleichzeitig weiter für den Raglan abnehmen. Danach noch 1x 1 M am Beginn jeder R für den Halsausschnitt abnehmen, bis man die Raglanabnahme erreicht.

Auf die Nd 3,0 mm wechseln und weiter in Fb 3 die Blende am Ausschnitt arb. Auf dem abgenommenen Ausschnitt 10 bis 11 M je 5 cm aufnehmen; die M-Zahl muss durch 4 teilbar sein. In Rd 7 cm mit 2 M rechts, 2 M links str. Die Blende locker mit jeweils rechten und linken M abk. Nach innen doppelt einschlagen und annähen.

Fertigstellen: Die Ärmelöffnungen schließen. Die Augen, einen bösen/lächelnden Mund und Knöpfe auf die Pfefferkuchenmännchen nach Belieben und in Fb der Wahl aufsticken. Mit Knötchenstichen kleine Punkte entlang der braun melierten Welle unter und über den Pfefferkuchenmännchen sticken (siehe Foto).

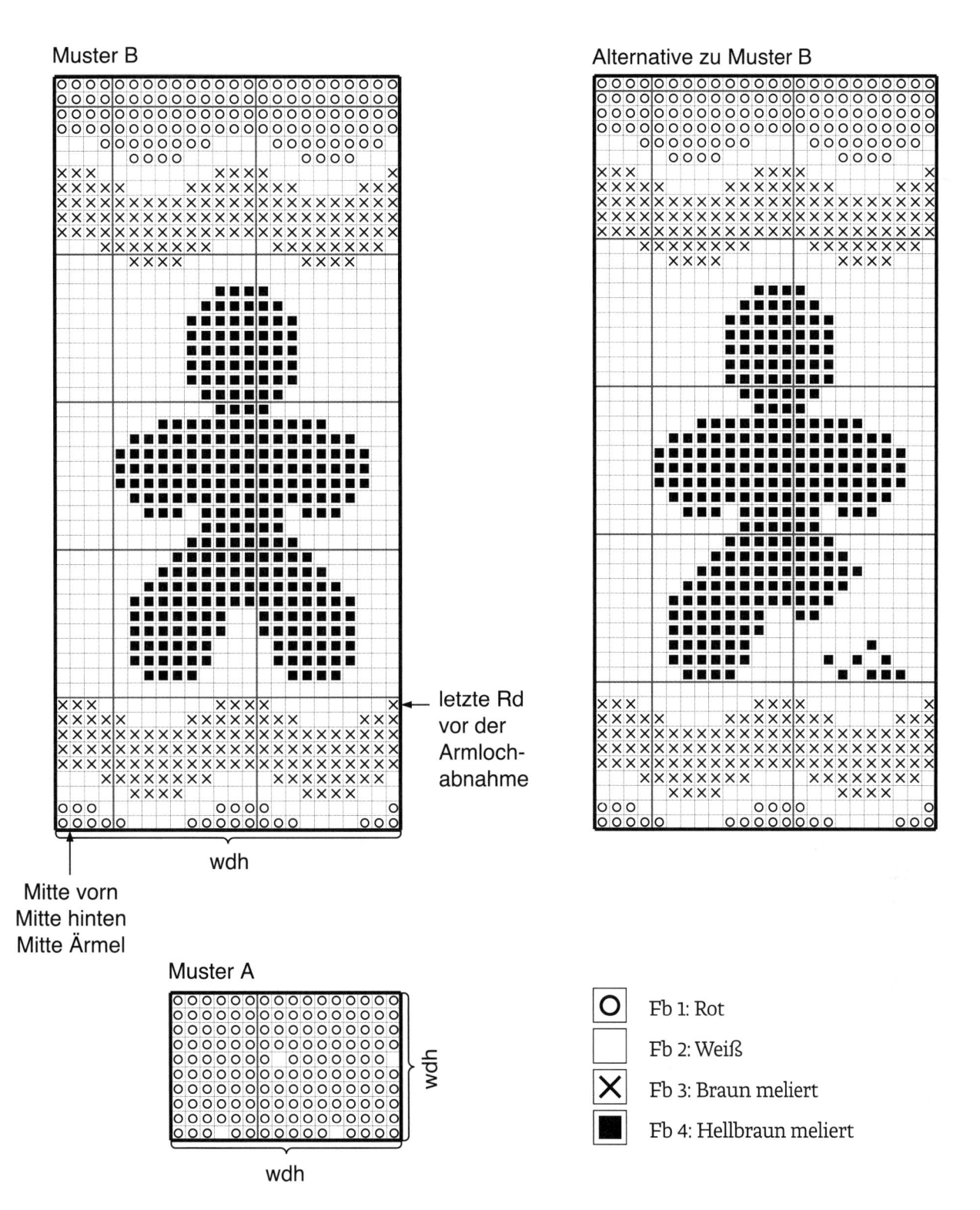

Muster B

Alternative zu Muster B

← letzte Rd vor der Armloch-abnahme

wdh

↑ Mitte vorn
Mitte hinten
Mitte Ärmel

Muster A

wdh (horizontal and vertical)

O	Fb 1: Rot
	Fb 2: Weiß
X	Fb 3: Braun meliert
■	Fb 4: Hellbraun meliert

Süße Pfefferkuchen für Kinder

Größen
(2) 4 (6) 8 (10) 12 Jahre

Maße
Oberweite: (62) 65 (69) 73 (80) 84 cm
Länge: (38) 42 (46) 50 (54) 56 cm
Ärmellänge: (25) 27 (33) 36 (38) 40 cm
Alle Maße beziehen sich auf das fertige Strickstück und sind entsprechend der Maschenprobe berechnet.

Garn
Alpakamischgarn (40 % Alpaka, 40 % Merinowolle, 20 % Nylon, LL 137 m/50 g)

Farbvorschlag
Farbe 1: Rot
Farbe 2: Weiß
Farbe 3: Braun meliert
Farbe 4: Hellbraun meliert
+ evtl. bunte Reste zum Verzieren

Garnverbrauch
Farbe 1: (150) 200 (250) 300 (350) 400 g
Farbe 2: (50) 50 (100) 100 (100) 150 g
Farbe 3: 50 g alle Größen
Farbe 4: (50) 50 (50) 50 (100) 100 g

Zubehör
2 Maschenmarkierer
Nähmaschine

Nadeln
Rundstricknadeln 3,0 mm und 3,5 mm, Nadelspiele 3,0 mm und 3,5 mm oder die passende Nadelstärke entsprechend der Maschenprobe

Maschenprobe
Im Muster A mit Nd 3,5 mm
22 M und 28 Rd = 10 x 10 cm

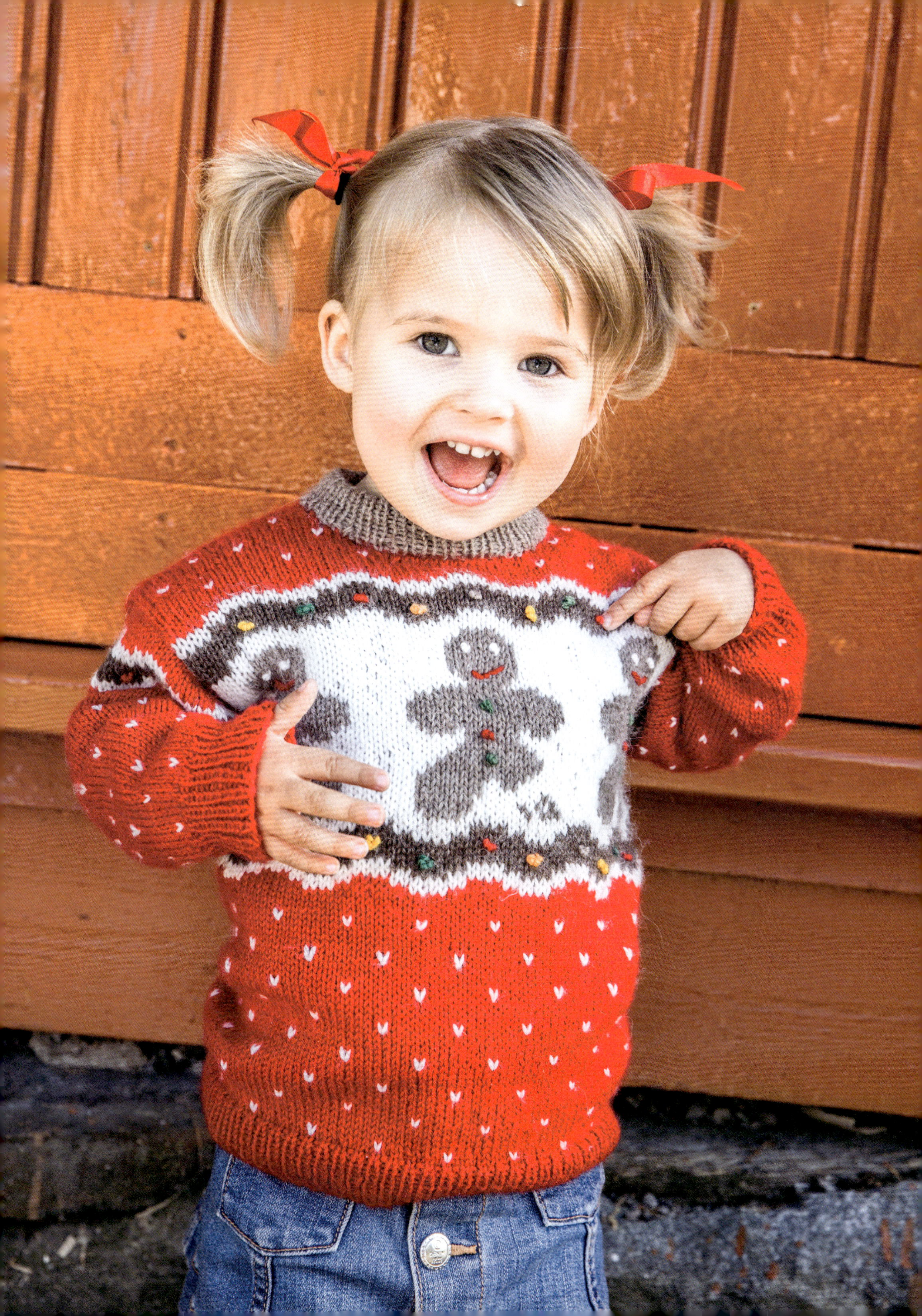

Muster B je nach Belieben mit ganzen oder angeknabberten Männchen str.

Vorder- und Rückenteil: (136) 144 (152) 160 (176) 184 M in Fb 1 auf der Rundstricknd 3,0 mm anschl. Das Bündchen in Rd 1 M rechts, 1 M links (4) 4 (4) 5 (5) 5 cm str. Auf die Rundstricknd 3,5 mm wechseln und 1 Rd rechte M str sowie gleichzeitig auf jeder Seite nach (68) 72 (76) 80 (88) 92 M jeweils einen M-Markierer für jedes Teil setzen. Den Musterrapport auf der linken Seite beginnen. In Rd Muster A str, bis zu einer Höhe von etwa (17) 20 (23) 26 (29) 30 cm; mit einem abgeschlossenen Rapport von Muster A enden. Dann in Rd Muster B arb, dabei die Pfeile beachten, die die vordere und hintere Mitte markieren und ausrechnen, wo seitlich davon mit dem Muster begonnen werden muss (das Muster geht an den Seiten nicht auf). Wenn Muster B fertig ist, mit Muster A weiterstr, bis die Arbeit (33) 37 (40) 44 (48) 49 cm lang ist.
Dann die mittleren (12) 14 (16) 18 (20) 22 M am Vorderteil für den Halsausschnitt abk. Anschließend in Hin- und Rückr str und am Anfang jeder R 2, 2, 1, 1 M für jede Seite in allen Größen abnehmen. Weiterstr bis die Arbeit (36) 40 (44) 48 (52) 54 cm lang ist, dann die mittleren (18) 20 (22) 24 (26) 28 M des Rückenteils für den Nacken abk. Jede Seite getrennt weiterarb und für den Nacken beidseitig 1x 2 M und 1x 1 M für alle Größen für die Schulter abnehmen = (22) 23 (24) 25 (28) 29 M, dann abk. Die zweite Schulterseite gegengleich str.

Ärmel: (36) 38 (40) 44 (46) 48 M in Fb 1 mit Ndspiel 3,0 mm anschl. (4) 4 (4) 5 (5) 5 cm in Rd 1 M rechts, 1 M links str. Auf Rundstricknd 3,5 mm wechseln und 1 Rd rechts str sowie gleichzeitig gleichmäßig 5 M zunehmen (= (41) 43 (45) 49 (51) 53 M). In Rd Muster A str, dabei die Pfeile beachten, die die Ärmelmitte markieren und ausrechnen, wo seitlich davon das Muster beginnt. 1 M am Anfang und Ende der Rd sowie ca. alle (2) 2,5 (2,5) 2,5 (2,5) 2,5 cm 2 M (8x) 8x (10x) 10x (11x) 13x zunehmen (= (57) 59 (65) 69 (73) 79 M). Nach Muster B mit Muster A weiterstr, bis man 5 cm vor der angegebenen oder gewünschten Gesamtlänge ist und mit derselben Rd in Muster A wie beim Vorder- und Rückenteil enden. 1 M für alle Größen abnehmen. Dann Muster C str, dabei die Pfeile beachten, die die Ärmelmitte markieren und ausrechnen, wo seitlich davon mit dem Muster begonnen werden muss. Weiterstr in Fb 1, den Ärmel umdrehen und 2 cm glatt rechts in Hin- und Rückr für den Beleg str, locker abk. Die Arbeit zur Seite legen und den zweiten Ärmel auf die gleiche Weise str.

Fertigstellen: Die Ärmelweite auf jeder Seite markieren. Auf jeder Seite und am Ende des M-Markierers doppelt mit der Nähmaschine absteppen. Zwischen den Steppnähten aufschneiden. An den Schultern zusammennähen.
Ärmel einnähen: Den Ärmel mittig auf der Schulter sowie an der Unterseite des Ärmelausschnitts feststecken. Dann mittig auf der Schulter beginnen und jede Seite einnähen. Den Beleg über der Schneidekante umschlagen und mit lockeren Stichen innen annähen.

Halsausschnitt: Rund um den Halsausschnitt 10 bis 11 M je 5 cm oder ca. (86) 88 (92) 96 (98) 100 M mit Nd 3,0 mm in Fb 4 aufnehmen; die M-Zahl muss durch 2 teilbar sein. 5 bis 6 cm mit 1 M rechts, 1 M links str. Die Blende locker mit jeweils rechten und linken M abk. Nach innen doppelt einschlagen und annähen.
Die Augen, einen bösen/lächelnden Mund und Knöpfe auf die Pfefferkuchenmännchen nach Belieben und Fb der Wahl aufsticken. Mit Knötchenstichen kleine Punkte entlang der braun melierten Welle unter und über den Pfefferkuchenmännchen sticken (siehe Foto).

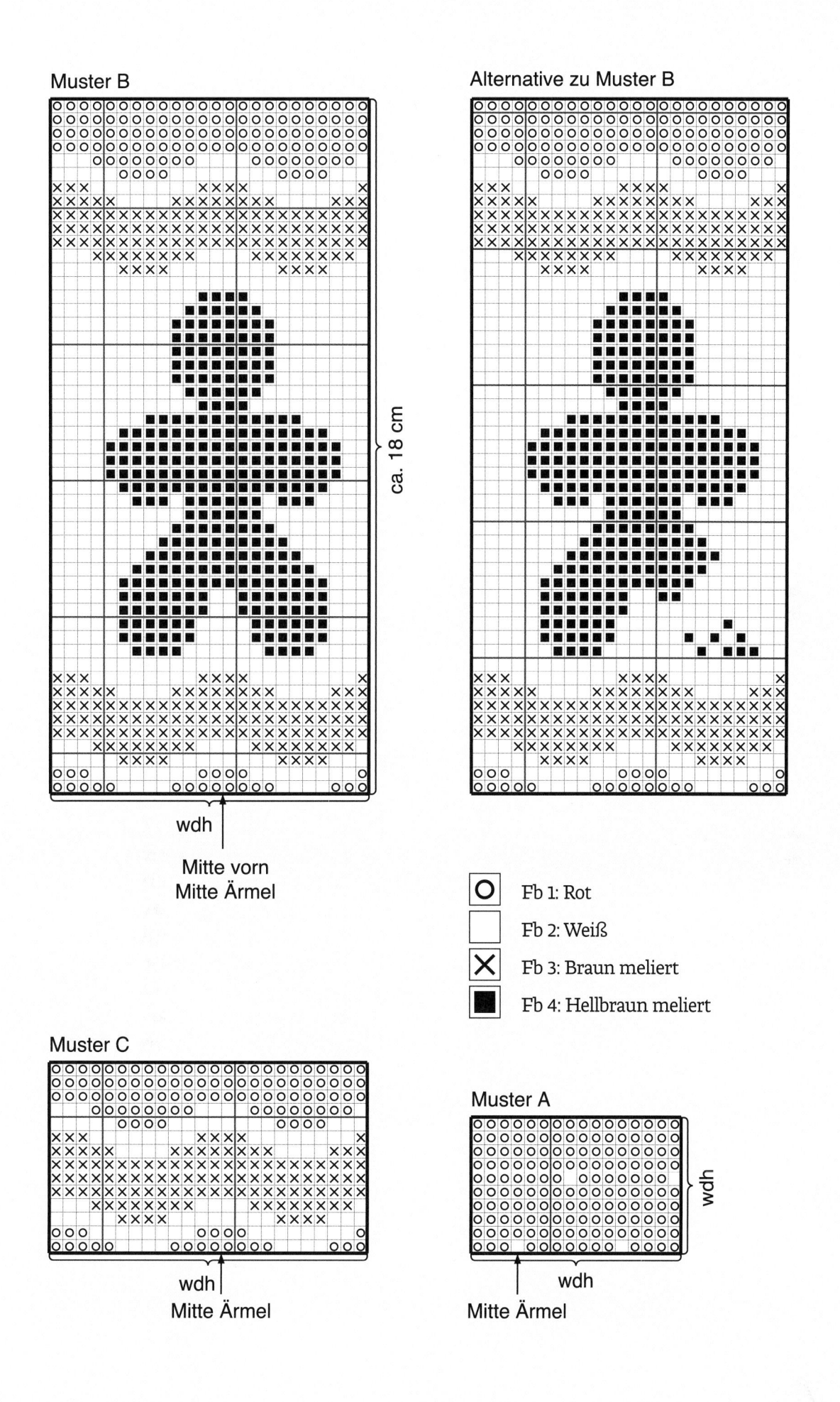

Muster B

ca. 18 cm

wdh
Mitte vorn
Mitte Ärmel

Alternative zu Muster B

O	Fb 1: Rot
	Fb 2: Weiß
X	Fb 3: Braun meliert
■	Fb 4: Hellbraun meliert

Muster C

wdh
Mitte Ärmel

Muster A

wdh

wdh
Mitte Ärmel

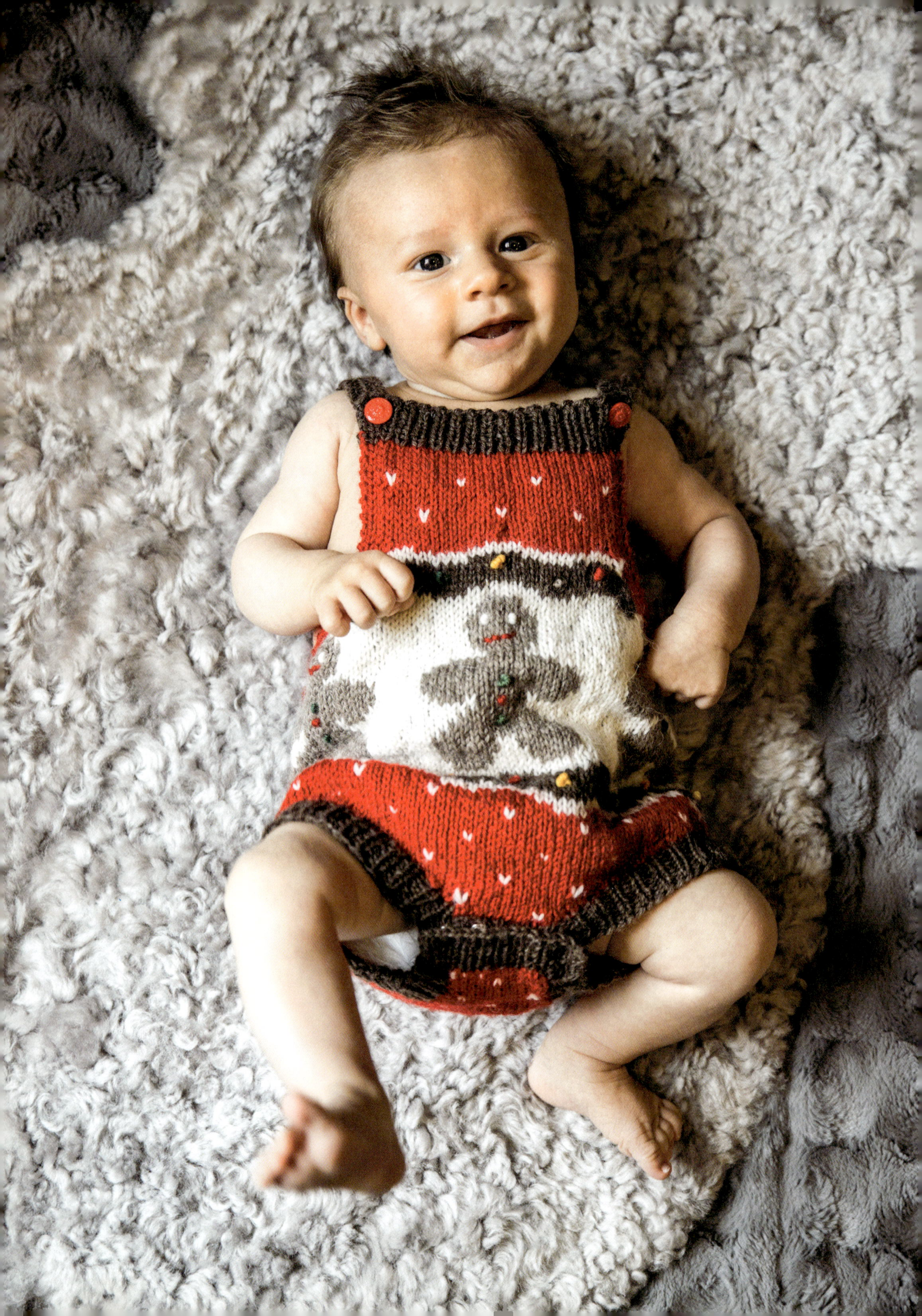

Süße Pfefferkuchen-Strampler fürs Baby

Größen
(0-3) 6 (9-12) Monate

Maße
Umfang: (44) 49 (55) cm
Gesamtlänge ca.: (32) 35 (38) cm
Alle Maße beziehen sich auf das fertige Strickstück und sind entsprechend der Maschenprobe berechnet.

Garn
Alpakamischgarn (40 % Alpaka, 40 % Merinowolle, 20 % Nylon, LL 137 m/50 g)

Farbvorschlag
Farbe 1: Rot
Farbe 2: Weiß
Farbe 3: Braun meliert
Farbe 4: Hellbraun meliert
+ evtl. bunte Reste zum Verzieren

Garnverbrauch
Farbe 1: 100 g alle Größen
Farbe 2: 50 g alle Größen
Farbe 3: 50 g alle Größen
Farbe 4: 50 g alle Größen

Zubehör
2 Knöpfe für den Latz. 4 bis 5 Druckknöpfe für die Öffnung im Schritt
2 Maschenmarkierer

Nadeln
Rundstricknadeln 3,0 mm und 3,5 mm oder die passende Nadelstärke entsprechend der Maschenprobe

Maschenprobe
Im Muster A mit Nd 3,5 mm
22 M und 28 Rd = 10 cm x 10 cm

Rückenteil: (13) 13 (13) M in Fb 1 mit der Rundstricknd 3,5 mm anschl. 1 R linke M str (= Rückr). In Hin- und Rückr Muster A str, die erste und letzte M der R ist die Rdm, dabei den Pfeil beachten, der die Mitte im Muster markiert und von dort abzählen, wo man anfangen muss. Weiterstr, bis die Arbeit ca. (4) 4 (5) cm lang ist. So weiterarb, gleichzeitig 3 neue M am Ende jeder R (6x) 7x (8x) auf jeder Seite anschl (= (49) 55 (61) M). Die neuen M entsprechend passend im Muster str.

Vorderteil: (13) 13 (13) M in Fb 1 mit der Rundstricknd 3,5 mm anschl. 1 R linke M str (= Rückr). In Hin- und Rückr Muster A str, die erste und letzte M der R ist die Rdm, dabei den Pfeil beachten, der die Mitte im Muster markiert und von dort abzählen, wo man anfangen muss. Gleichzeitig (4, 4, 4, 3, 3), 5, 5, 4, 4, 3, (5, 5, 4, 4, 3, 3) neue M am Ende jeder R auf jeder Seite zunehmen (= (49) 55 (61) M). Mit demselben Muster wie beim Rückenteil enden (evtl. noch ein paar Hin- und Rückr über alle M zusätzlich str).

Vorder- und Rückenteil: Alle Teile auf die Rundstricknd 3,5 mm abstr und gleichzeitig 2 rechte M auf jeder Seite zusammenstr (= (96) 108 (120) M). Auf jeder Seite nach (48) 54 (60) M einen M-Markierer für jedes Teil setzen. Dann in Rd Muster B str und je nach Größe nach den folgenden Anleitungen arb:

Größen 0-3 und 9-12 Monate: Den Pfeil beachten, der die vordere Mitte im Muster markiert und von dort abzählen, wo die Rd beginnen muss. Den Pfeil für die hintere Mitte nicht beachten.

Größe 6 Monate: Den Pfeil beachten, der die vordere und hintere Mitte im Muster markiert (den Pfeil für die hintere Mitte nicht beachten), und von dort abzählen, wo die Rd beginnen muss. Das Muster geht nicht ganz auf, man muss einen Rest an der Seite in Kauf nehmen. In Rd Muster B str (danach den übrigen Strampler in Muster A str), bis die Arbeit (18) 20 (20) cm an der vorderen Mitte lang ist. An den seitlichen M-Markierern teilen und jedes Teil in Hin- und Rückr separat beenden.

Rückenteil: Von der Vorderseite aus in Fb 1 str: 1 Rdm, 1 M links, 1 M rechts, 1 M links, 1 M rechts; dann über die anderen M das Muster weiterstr, bis noch 5 M in der R übrig sind. Diese in Fb 1 str: 1 M rechts, 1 M links, 1 M rechts, 1 M links + 1 Rdm. So 2 cm str. In der nächsten Hinr auf jeder Seite 2 M abnehmen: Die ersten 5 M wie bislang str, 1 M rechts abheben, 2 M rechts zusammenstr und die abgehobene M darüberziehen. Über die anderen M das Muster weiterstr, bis noch 8 M in der R übrig sind, 3 M rechts zusammenstr und die letzten 5 M wie bislang str. Diese Abnahmen in jeder Hinr (1x) 2x (3x) wdh (= (40) 42 (44) M). Dann auf jeder Seite 1 M abnehmen: Die ersten 5 M wie bislang str, 1 M rechts abheben, 1 M rechts str und die abgehobene M darüberziehen. Über die anderen M das Muster weiterstr, bis noch 7 M in der R übrig sind, 2 M rechts zusammenstr und die letzten 5 M wie bislang str. Diese Abnahmen in jeder Hinr (2x) 3x (3x) str (= (34) 34 (36) M). Weiterstr, bis die Arbeit ca. (26) 29 (32) cm lang ist. Am schönsten sieht der Abschluss bei Muster A aus, wenn man 1 oder 2 R unter/über 1 R mit weißen M endet. 1 M in der R abnehmen (= (33) 33 (35) M). Zu Fb 3 wechseln und über alle M 2 cm 1 M rechts, 1 M links str. Die mittleren (23) 23 (25) M für den Nacken locker mit rechten und linken M abk und über die übrigen 5 M auf jeder Seite noch Träger weiterstr. Die ersten und letzten M sind Rdm, dazwischen werden alle R kraus rechts gestrickt, bis der Träger ca. (10) 11 (12) cm lang ist, dann abk. Den 2. Träger gleich lang str.

Vorderteil: Wie beim Rückenteil str und abnehmen, bis die Arbeit ca. (26) 29 (32) cm lang ist. Mit demselben Muster enden wie beim Rückenteil (= (33) 33 (35) M). Das Bündchen ebenfalls wie beim Rückenteil in Fb 3 ca. 1 cm str, dann auf jeder Seite 1 Knopfloch über 2 M str: 1 U, 2 M rechts zusammenstr. Weiterstr, bis das Bündchen 2 cm lang ist, dann locker alle M rechts und links abk.

Beinabschluss: Mit Nd 3,0 mm in Fb 3 ca. 1 M aus jeder M aufnehmen, dabei aber jede 4. M überspringen (= ca. (49) 55 (61) M). Die M-Zahl muss durch 2 + 1 M teilbar sein. In Hin- und Rückr über 2 cm 1 M rechts, 1 M links str. Die Blende locker mit rechten und linken M abk. Auf die gleiche Weise den anderen Beinabschluss str. Untere Blende am Vorderteil (im Schritt): Mit Nd 3,0 mm in Fb 3 etwa 1 M aus jeder M entlang der Anschlags-R und an den Beinabschlüssen aufnehmen (= ca. (21) 23 (25) M). Die M-Zahl muss durch 2 + 1 M teilbar sein. In Hin- und Rückr über 2 cm 1 M rechts, 1 M links str. Die Blende locker mit rechten und linken M abk.

Untere Blende am Rückenteil: Wie die Blende am Vorderteil str.

Noch 4 oder 5 Druckknöpfe auf die Innenseite der Blende des Rückenteils und auf die Außenseite des Vorderteils nähen.

An jedes Trägerende einen Knopf nähen.

Die Augen, einen bösen/lächelnden Mund und Knöpfe auf die Pfefferkuchenmännchen nach Belieben und Fb der Wahl aufsticken. Mit Knötchenstichen kleine Punkte entlang der braun melierten Welle unter und über den Pfefferkuchenmännchen sticken (siehe Foto).

Muster B

O	Fb 1: Rot
(leer)	Fb 2: Weiß
X	Fb 3: Braun meliert
■	Fb 4: Hellbraun meliert

Muster A

wdh

Mitte vorn und Mitte hinten

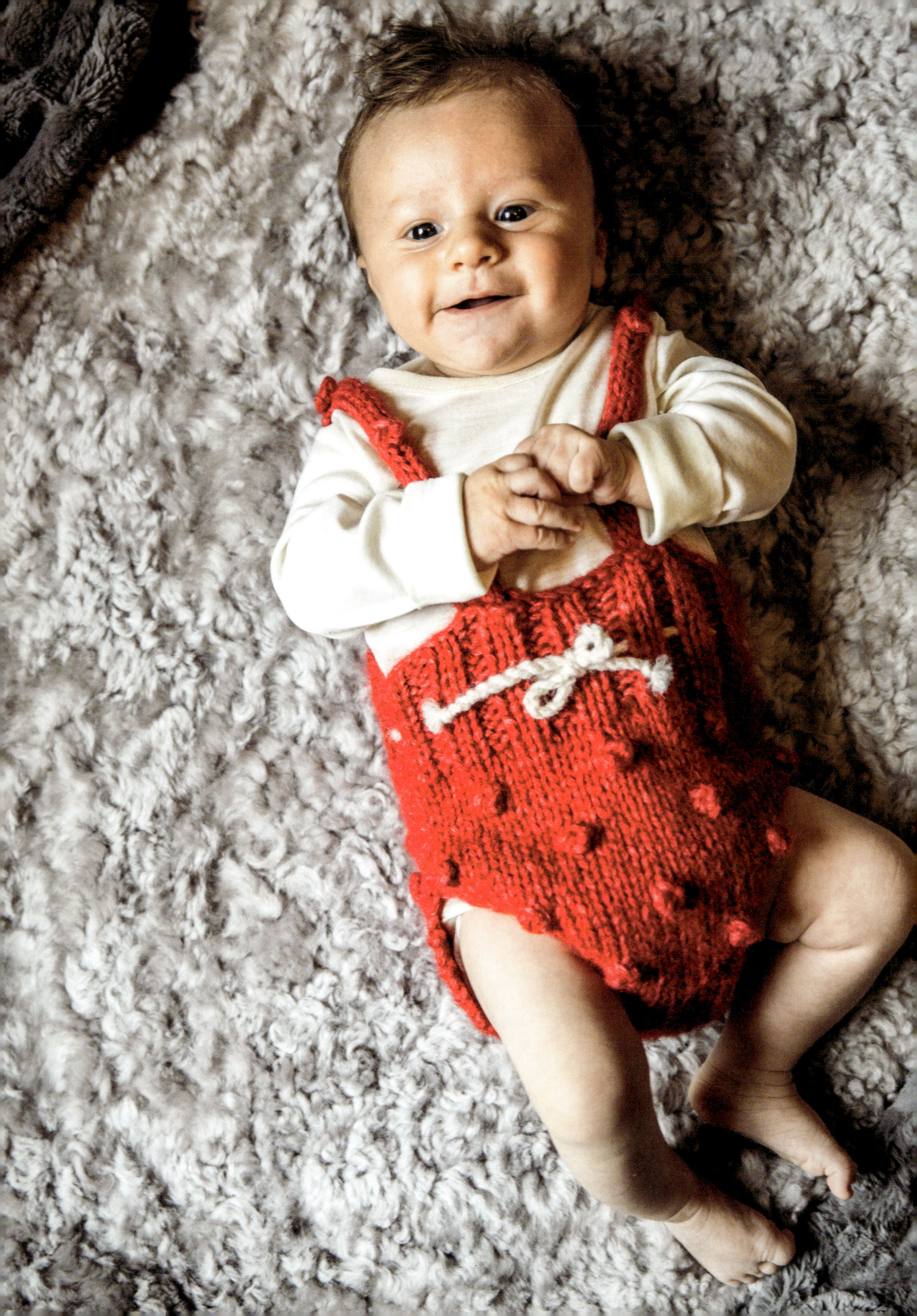

Weihnachts-Höschen

Dieses süße Höschen ist schnell gestrickt und sieht an den kleinen Zwergen echt niedlich aus. Mit dem schön weichen Alpakagarn ist es einfach zu stricken.

Größen
(0-2) 3-6 Monate

Maße
Umfang: ca. (38) 45 cm
Länge: ca. (17) 21 cm + Träger
Alle Maße beziehen sich auf das fertige Strickstück und sind entsprechend der Maschenprobe berechnet.

Garn
Alpakamischgarn (70 % Baby Alpaka, 17 % Acryl, 13 % Polyamid, LL 100 m/50 g)

Farbvorschlag
Rot
+ Natur für die Schnüre

Garnverbrauch
(50) 50 g
+ 50 g oder Reste in Natur für die Schnüre

Nadeln
Rundstricknadeln 7,0 mm und 8,0 mm, Nadelspiel 7,0 mm oder die passende Nadelstärke entsprechend der Maschenprobe

Maschenprobe
Glatt rechts mit Nd 8,0 mm 13 M = 10 cm

Der Strampler wird in einem Stück gestrickt und dann an den Seiten zusammengenäht.
(24) 28 M mit Rundstricknd 7,0 mm anschl. In Hin- und Rückr arb:
1. R (Rückr): 1 M rechts (= Rdm), * 2 M rechts, 2 M links, ab * fortlaufend wdh, enden mit 2 M rechts 1 M rechts (= Rdm).
2. R (Hinr): 1 M rechts (= Rdm), * 2 M links, 2 M rechts, ab * fortlaufend wdh, enden mit 2 M links 1 M rechts (= Rdm).
Diese beiden R wdh, bis die Arbeit (5) 6 cm lang ist, mit 1 Rückr enden. Zu Nd 8,0 mm wechseln. In Hin- und Rückr glatt rechts und Muster A str, dabei gleichzeitig 1 M in der 1. R zunehmen (= (25) 29 M). Die erste und die letzte M wird in allen R rechts gestrickt. Von der Mittel-M im Muster abzählen, wo begonnen werden muss. Weiterstr, bis die Arbeit (10) 12 cm lang ist, dann auf beiden Seiten abnehmen: (Vor den Abnahmen insgesamt (3) 4 Noppen-R str): 1 M am Anfang und Ende jeder Hinr vor den Rdm (5x) 6x auf jeder Seite abnehmen (= (15) 17 M). Danach bei den nächsten 2 Hinr 2 M auf jeder Seite abnehmen, dafür 2x 2 M rechts nach und vor der Rdm auf jeder Seite zusammenstr (= (7) 9 M). Noch 2 cm glatt rechts str (= halbes Höschen/ erster Teil).
Nochmals 2 cm glatt rechts str. Nun entgegengesetzt zu den Abnahmen im ersten Teil entsprechend zunehmen. An der gleichen Stelle, an der im ersten Teil Muster A beendet wurde, wieder mit Muster A anfangen. In der R, bevor das Bündchen beginnt, wieder 1 M abnehmen und zu Nd 7,0 mm wechseln. Das obere Bündchen, bei dem die 1. R eine Hinr ist, wird wie folgt gestrickt:
1. R (Hinr): 1 M rechts (= Rdm), * 2 M rechts, 2 M links, ab * fortlaufend wdh, enden mit 2 M rechts 1 M rechts (= Rdm).
2. R (Rückr): 1 M rechts (= Rdm), * 2 M links, 2 M rechts, ab * fortlaufend wdh, enden mit 2 M links 1 M rechts (= Rdm).

Diese beiden R wdh, bis das Bündchen (5) 6 cm lang ist, dann locker mit jeweils rechten und linken M abk.

Fertigstellen: Den Strampler doppelt übereinanderlegen und an den Seiten (an den Rdm) bis zur Beinöffnung zusammennähen.

Rand um die Beinöffnung: Nach Belieben kann noch eine Blende um die Beinöffnungen gestrickt werden. Etwa (32) 32 M mit Ndspiel 7,0 mm rund um die Öffnung aufnehmen; die M-Zahl muss durch 4 teilbar sein. In Rd 2 M rechts, 2 M links ca. 1,5 bis 2 cm str und die Blende locker mit jeweils rechten und linken M abk.

Träger: Nach Belieben kann man noch Träger str.
Dazu 5 M mit Nd 7,0 mm anschl und in Hin- und Rückr Muster B in passender Länge str. Die Träger dann an Vorder- und Rückenteil mit entsprechendem Zwischenraum annähen. Sie können sich gut auf dem Rücken überkreuzen.
Eine Schnur aus doppeltem Faden drehen, durch das Bündchen ziehen und mittig verknoten.

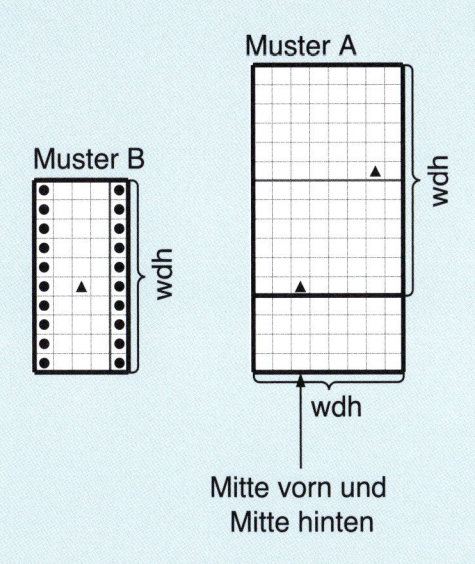

MUSTER A + B

☐ Hinr rechts, Rückr links

● Rdm = in allen R rechts str

▲ Noppe: 2 neue M anschl, dafür 1 neue M in das vordere und in das hintere M-Glied str (= 3 M). Wenden, linke M zurückstr, wenden und 2 M rechts zusammenstr, dann noch die letzte M über die erste M ziehen (= 1 M).

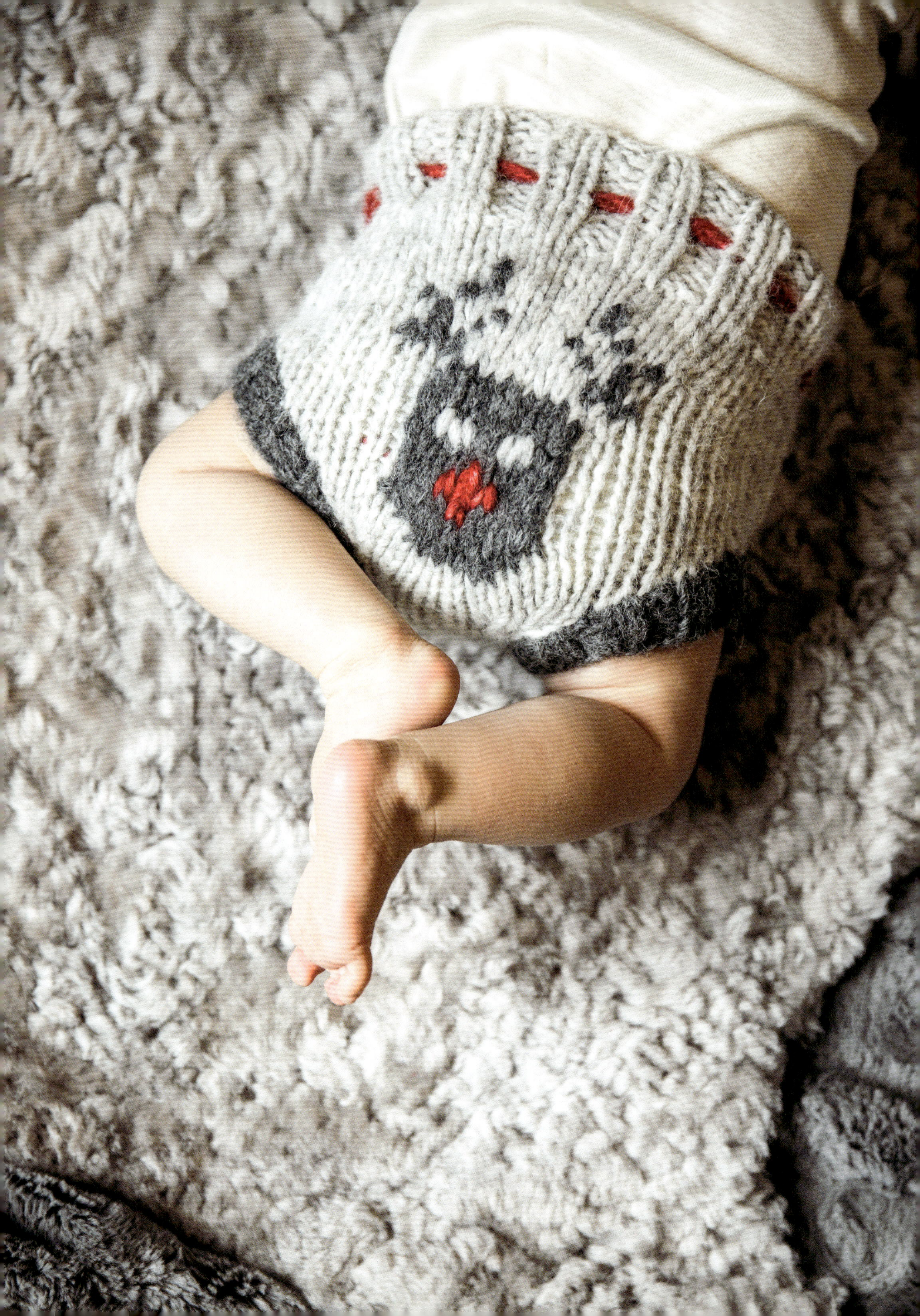

Rudolf-Höschen

Auf diesem süßen, trägerlosen Höschen thront Rentier Rudolf auf dem Popo. Die rote Schnauze kannst du entweder mit Maschenstichen aufsticken oder mit einem dicken Knotenstich auftragen lassen.

Größen
(0-2) 3-6 Monate

Maße
Umfang: ca. (38) 45 cm
Länge: ca. (17) 21 cm
Alle Maße beziehen sich auf das fertige Strickstück und sind entsprechend der Maschenprobe berechnet.

Garn
Alpakamischgarn (70 % Baby Alpaka, 17 % Acryl, 13 % Polyamid, LL 100 m/50 g)

Farbvorschlag
Farbe 1: Hellgrau
Farbe 2: Dunkelgrau
Farbe 3: Rot

Garnverbrauch
Farbe 1: 50 g alle Größen
Farbe 2: 50 g alle Größen
Farbe 3: 50 g alle Größen oder Reste

Nadeln
Rundstricknadeln 7,0 mm und 8,0 mm, Nadelspiel 7,0 mm oder die passende Nadelstärke entsprechend der Maschenprobe

Maschenprobe
Glatt rechts mit Nd 8,0 mm 13 M = 10 cm

Der Strampler wird in einem Stück gestrickt und dann an den Seiten zusammengenäht.

(24) 28 M mit Rundstricknd 7,0 mm anschl. In Hin- und Rückr arb:

1. R (Rückr): 1 M rechts (= Rdm), * 2 M rechts, 2 M links, ab * fortlaufend wdh, enden mit 2 M rechts, 1 M rechts (= Rdm).

2. R (Hinr): 1 M rechts (= Rdm), * 2 M links, 2 M rechts, ab * fortlaufend wdh, enden mit 2 M links, 1 M rechts (= Rdm).

Diese beiden R wdh, bis die Arbeit (5) 6 cm lang ist, mit 1 Rückr enden. Zu Nd 8,0 mm wechseln. In Hin- und Rückr glatt rechts und Muster A (siehe Seite 121) str, dabei gleichzeitig 1 M in der 1. R zunehmen (= (25) 29 M). Nach dem Bündchen (1) 3 R str, dann Muster C beginnen. Von der Mittel-M im Muster abzählen, wo angefangen werden muss. Die erste und die letzte M wird in allen R rechts gestrickt. Weiterstr, bis die Arbeit (10) 12 cm lang ist, dann bei jeder Hinr (5x) 6x auf jeder Seite 1 M abnehmen (= (15) 17 M). Danach bei den nächsten 2 Hinr 2 M auf jeder Seite abnehmen, dafür 2x 2 M rechts nach und vor der Rdm auf jeder Seite zusammenstr (= (7) 9 M). Noch 2 cm glatt rechts str (= halbes Höschen/erster Teil).

Nochmals 2 cm glatt rechts str. Nun entgegengesetzt zu den Abnahmen im ersten Teil entsprechend zunehmen. Der restliche Höschenteil wird in Fb 1 wie der erste Teil gestrickt, nur entgegengesetzt. In der R, bevor das Bündchen beginnt, wieder 1 M abnehmen und zu Nd 7,0 mm wechseln. Das obere Bündchen, bei dem die erste R eine Hinr ist, wird wie folgt gestrickt:

1. R (= Hinr): 1 M rechts = Rdm, * 2 M rechts, 2 M links, ab * wdh, enden mit 2 M rechts, 1 M rechts (= Rdm).

2. R (= Rückr): 1 M rechts (= Rdm), * 2 M links, 2 M rechts, ab * wdh, enden mit 2 M links 1 M rechts (= Rdm).

Diese beiden R wdh, bis das Bündchen (5) 6 cm lang ist, dann locker mit jeweils rechten und linken M abk.

Fertigstellen: Den Strampler doppelt übereinanderlegen und an jeder Seite (an den Rdm) bis zur Beinöffnung zusammennähen.

Rand um die Beinöffnung: Etwa (32) 32 M in Fb 2 mit Ndspiel 7,0 mm rund um die Öffnung aufnehmen; die M-Zahl muss durch 4 teilbar sein. In Rd 2 M rechts, 2 M links ca. 1,5 bis 2 cm str und die Blende locker mit jeweils rechten und linken M abk.

Eine Schnur aus doppeltem Faden in Fb 3 drehen, durch das Bündchen ziehen und mittig verknoten.

Für die Nase des Rentiers einen großen Knotenstich in Rot oder im M-Stich aufsticken.

„Schlafaugen" in Hellgrau aufsticken, siehe Foto.

Muster C

MUSTER C

☐ Fb 1: Hellgrau
= Fb 2: Dunkelgrau
✗ Fb 3: Rot

Augen und Nase werden zum Schluss aufgestickt.

↑ Mitte hinten

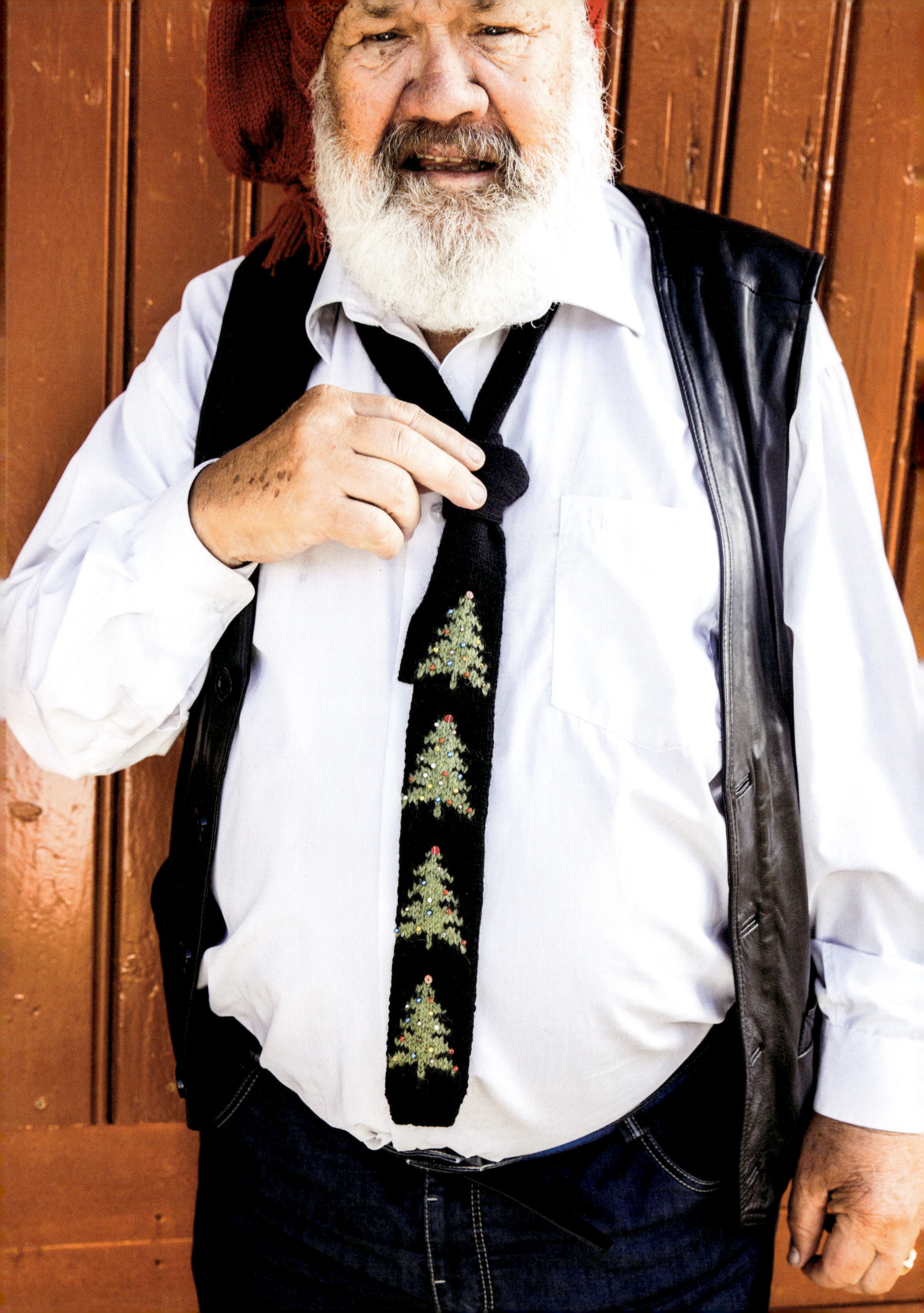

Weihnachts-Schlips

Ein kleines, leicht zu strickendes Accessoire, das gut wirkt! Du kannst dir dazu aus den verschiedenen Motiven des Weihnachtsmix-Pullovers etwas aussuchen (siehe Seite 23). Wir haben den grünen Weihnachtsbaum gewählt und ihn mit kleinen bunten Perlen und Pailletten verziert.

Größe
One size

Maße
Umfang: ca. 13 cm
Länge: ca. 140 cm
Alle Maße beziehen sich auf das fertige Strickstück und sind entsprechend der Maschenprobe berechnet.

Garn
Variante 1: Alpakamischgarn (40 % Alpaka, 40 % Merinowolle, 20 % Nylon, LL 137 m/50 g)
oder
Variante 2: Schurwollgarn (100 % Schurwolle superwash, LL 106 m/50 g)
oder
Variante 3: Schurwollgarn (100 % Schurwolle superwash, LL 100 m/50 g)

Farbvorschlag
Farbe 1: Schwarz
Farbe 2: Grün

Garnverbrauch
Farbe 1: 100 g
Farbe 2: 50 g

Zubehör
Kleine Perlen und Pailletten in passender Farbe als Christbaumschmuck

Nadeln
Nadelspiel 3,0 mm oder die passende Nadelstärke entsprechend der Maschenprobe

Maschenprobe
Glatt rechts mit Nd 3,0 mm 24 M = 10 cm

31 M in Fb 1 mit Nd 3,0 mm anschl. In Hin- und Rückr glatt rechts 3 cm str.
Muster A str, dabei den Pfeil beachten, der die vordere Mitte anzeigt, und von dort aus abzählen, wo man mit dem Muster anfangen muss. Muster A in ganzer Höhe 4x wdh. Dann in Fb 1 weiter glatt rechts str, bis die Arbeit 140 cm lang ist oder die gewünschte Länge hat. Alle M abk.

Den Schlips längs zusammennähen (= die Naht liegt mittig auf der Rückseite).
Die „Spitze" unten passend falten und zusammennähen.
Die Weihnachtsbäume mit Perlen und Pailletten bunt verzieren.

Wichtelmütze

Größe
One size

Maße
Kopfumfang 54-58 cm
Alle Maße beziehen sich auf das fertige Strickstück und sind entsprechend der Maschenprobe berechnet.

Garn
Schurwollgarn (100 % Schurwolle superwash, LL 100 m/50 g)

Farbvorschlag
Rot

Garnverbrauch
150 g

Nadeln
Rundstricknadeln 3,0 mm und 3,5 mm, Nadelspiele 3,0 mm und 3,5 mm oder die passende Nadelstärke entsprechend der Maschenprobe

Maschenprobe
Glatt rechts mit Nd 3,5 mm 22 M = 10 cm

126 M in Rot mit Rundstricknd 3,0 mm anschl. Wenn die Rd zu eng wird, die M auf das Ndspiel wechseln. In Rd 2 M rechts, 2 M links über 6 cm str. Zu Nd 3,5 mm wechseln und glatt rechts weiterstr, bis die Arbeit 40 cm lang ist. * 2 M rechts zusammenstr, 1 M rechts. 1 Rd ohne Abnahme str, ab * noch 1x wdh (= 56 M). * 2 M rechts in der Rd zusammenstr. 1 Rd ohne Abnahme str, ab * 2x wdh (= 7 M). Den Faden abschneiden, durch die restlichen M ziehen und sorgfältig vernähen. Eine Quaste in passender Größe herstellen und an der Spitze annähen.

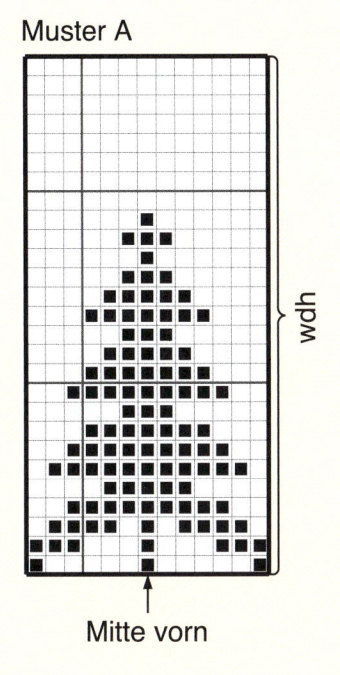

Muster A

wdh

↑ Mitte vorn

☐ Fb 1: Schwarz
■ Fb 2: Grün

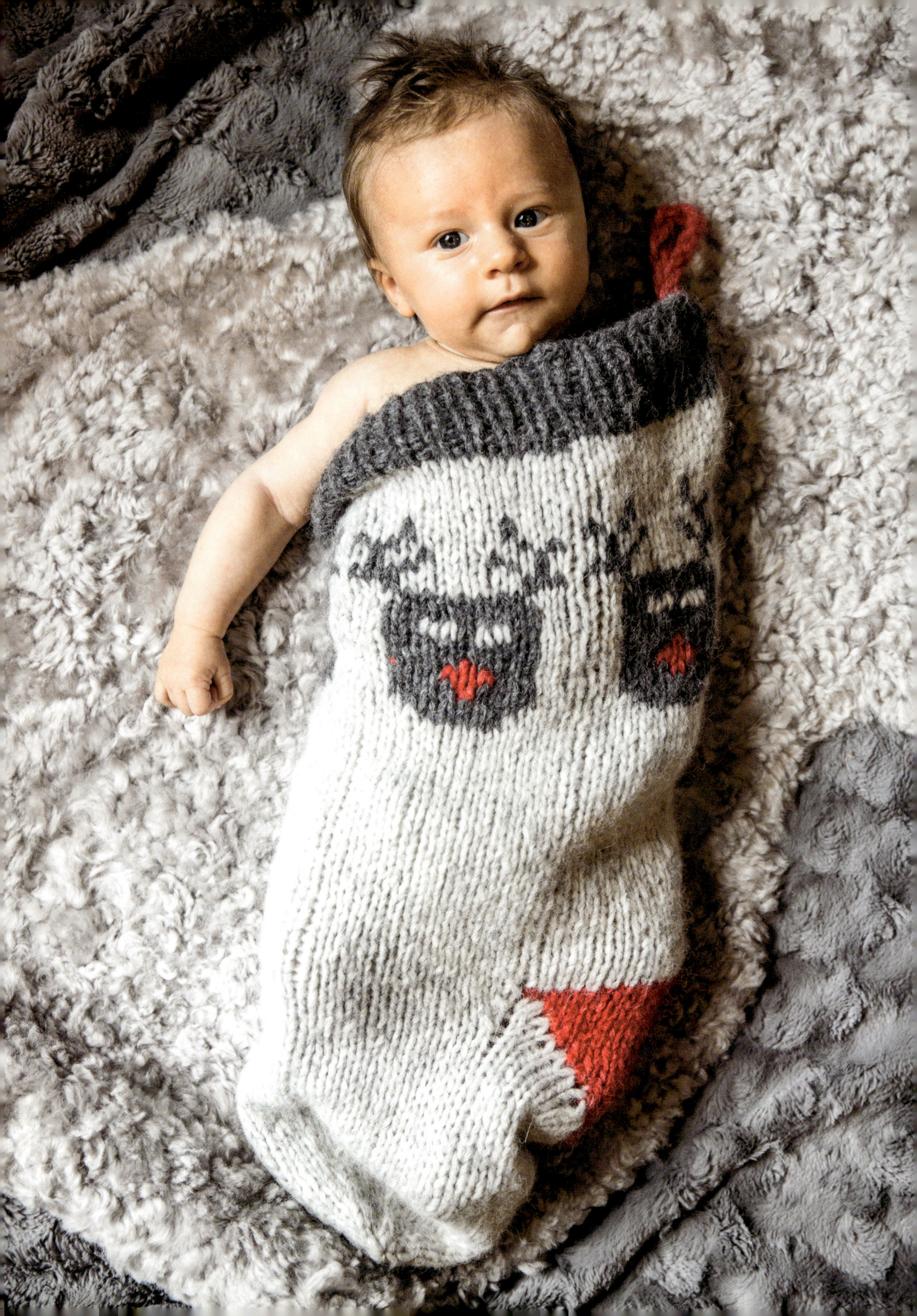

Weihnachtsstrümpfe

Was möchtest du in den Weihnachtsstrumpf stecken? Er kann mit allerlei Süßem gefüllt an den Kamin gehängt werden, aber mit dem schönen weichen Alpakagarn eignet er sich auch perfekt als Baby-Schlafsack!

Schneeballstrumpf ❄

Größe
One size

Maße
Umfang: 43 cm
Schaftlänge: ca. 38 cm
Alle Maße beziehen sich auf das fertige Strickstück und sind entsprechend der Maschenprobe berechnet.

Garn
Alpakamischgarn (70 % Baby Alpaka, 17 % Acryl, 13 % Polyamid, LL 100 m/50 g)

Farbvorschlag
Hellblau

Garnverbrauch
100 g

Zubehör
1 Maschenmarkierer

Nadeln
Nadelspiele 7,0 mm und 8,0 mm oder die passende Nadelstärke entsprechend der Maschenprobe

Maschenprobe
Glatt rechts mit Nd 8,0 mm 13 M = 10 cm

---

56 M zu Ndspiel 7,0 mm anschl und 1 M rechts, 1 M links über 5 cm str. Zu Ndspiel 8,0 mm wechseln und in Rd mit dem Noppenmuster weiterarb, bis die Arbeit etwa 83 cm lang ist. Es sieht am besten aus, wenn man ein paar Rd vor oder nach einer Noppen-R endet. Der restliche Strumpf wird ohne Noppenmuster gestrickt. An den Anfang der Rd einen M-Markierer setzen (= Mitte) hinten.

Ferse: 14 M über die markierte Mitte hinten weiterstr. Wenden (bei jedem Wenden die erste M locker abheben und dann gut anziehen, bevor weitergestrickt wird), 28 M links zurückstr, wenden und 27 M rechts str, wenden und 26 M links zurückstr, wenden und 25 M rechts str. In Hin- und Rückr so weiterarb, bei jedem Wenden jeweils 1 M weniger str, bis noch 6 M zwischen dem Wenden einer Rückr übrig sind. Nun wieder in Rd über alle M str. Eine zusätzliche M am Rand zwischen jedem Wenden anschl, diese auf die linke Nd setzen und dann zusammen mit der nächsten M rechts abstr, um Löcher zwischen den Wendestellen zu vermeiden. Die nächste Rd wie folgt str: 12 M str, 2 M rechts verschränkt zusammenstr, 2 M rechts zusammenstr (= 2 M Abnahme am Spann). Weiterstr, bis noch 16 M in der Rd zu str sind, dann wieder 2 M rechts ver-

Noppenmuster

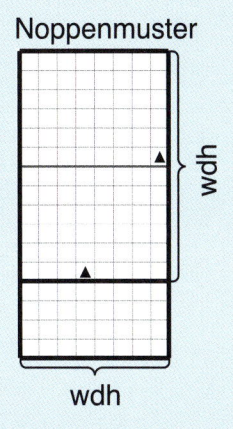

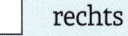

☐ rechts

▲ Noppe: 2 neue M anschl, dafür 1 neue M in das vordere und in das hintere M-Glied str = 3 M. Wenden, linke M zurückstr, wenden und 2 M rechts zusammenstr, dann noch die letzte M über die erste M ziehen = 1 M.

schränkt zusammenstr, 2 M rechts zusammenstr (= 2 M Abnahme am Spann). Noch die letzten 12 M str. 1 Rd ohne Abnahmen str, dann in der nächsten Rd die Abnahme 1x nach den ersten 11 M und vor den letzten 15 M wdh (= 48 M). Dann in Rd ca. 14 cm glatt rechts str, gemessen von der ersten Abnahme für den Spann. Dann beginnt die Abnahme für die Spitze.

Spitze: * 2 M rechts zusammenstr, 6 M rechts, ab * über die Rd wdh (= 6 M Abnahme). 1 Rd ohne Abnahmen str. * 2 M rechts zusammenstr, 5 M rechts, ab * fortlaufend über die Rd wdh. 1 Rd ohne Abnahmen str. Auf diese Weise in jeder 2. Rd 1 M weniger zwischen den Abnahmen str, bis es 12 M sind. Dann jeweils 2 M rechts zusammenstr, den Faden abschneiden, durch die restlichen M ziehen und sorgfältig vernähen.

Schlaufe zum Aufhängen: Eine Schnur aus doppeltem Garn in passender Länge drehen, die als Schlaufe innen an der hinteren Mitte des Strumpfes angenäht wird.

Rudolfstrumpf

Größe
One size

Maße
Umfang: 43 cm
Schaftlänge: ca. 38 cm
Alle Maße beziehen sich auf das fertige Strickstück und sind entsprechend der Maschenprobe berechnet.

Garn
Alpakamischgarn (70 % Baby Alpaka, 17 % Acryl, 13 % Polyamid, LL 100 m/50 g)

Farbvorschlag
Farbe 1: Hellgrau
Farbe 2: Dunkelgrau
Farbe 3: Rot

Garnverbrauch
Farbe 1: 100 g
Farbe 2: 50 g
Farbe 3: 50 g

Nadeln
Nadelspiele 7,0 mm und 8,0 mm oder die passende Nadelstärke entsprechend der Maschenprobe

Maschenprobe
Glatt rechts mit Nd 8,0 mm 13 M = 10 cm

---

56 M zu Ndspiel 7,0 mm in Fb 2 anschl und 1 M rechts, 1 M links über 5 cm str. Der Anfang der Rd befindet sich hinten in der Mitte. Zu Nd 8,0 mm wechseln und in Rd in Fb 1 weiterarb, bis die Arbeit 8 cm lang ist. Das Rudolf-Muster in Rd str, dabei den Pfeil beachten, der die vordere Mitte anzeigt (es rutscht um 1 M bei einer geraden M-Zahl zur Seite) und ausrechnen, wo seitlich mit dem Muster begonnen werden muss. Wenn das Rudolf-Muster fertig gestrickt ist, weiter in Fb 1 str, bis die Arbeit ca. 38 cm lang ist oder die gewünschte Länge hat.

Ferse: 14 M von der rechten auf die linke Nd schieben, ohne sie zu str. Zu Fb 3 wechseln. 28 M str. Wenden (bei jedem Wenden die erste M locker abheben und dann gut anziehen, bevor weitergestrickt wird), 28 M links zurückstr, wenden und 27 M rechts str, wenden und 26 M links zurückstr, wenden und 25 M rechts str. In Hin- und Rückr so weiterarb, bei jedem Wenden jeweils 1 M weniger str, bis noch 6 M zwischen dem Wenden einer Rückr übrig sind. Wenden. 3 M von der linken Nd auf die rechte Nd schieben, ohne sie zu str. Hier beginnt nun die Rd. Auf Fb 1 wechseln und nun wieder in Rd über alle M str. Eine zusätzliche M am Rand zwischen jedem Wenden anschl, diese auf die linke Nd setzen und sie dann zusammen mit der nächsten M rechts abstr, um Löcher zwischen den Wendestellen zu vermeiden. Die nächste Rd wie folgt str: 12 M str, 2 M rechts verschränkt zusammenstr, 2 M rechts

Rudolf-Muster

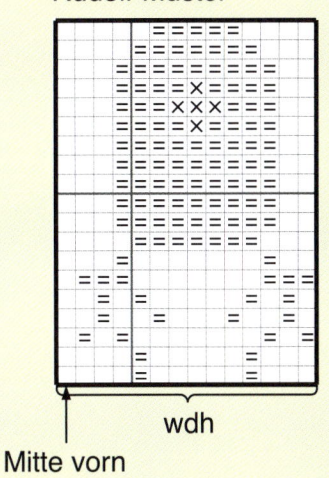

Mitte vorn → wdh

☐ Fb 1: Hellgrau
= Fb 2: Dunkelgrau
✕ Fb 3: Rot

Die Nase zum Schluss im M-Stich aufsticken.

zusammenstr (= 2 M Abnahme am Spann). Weiterstr, bis noch 16 M in der Rd zu str sind, dann wieder 2 M rechts verschränkt zusammenstr, 2 M rechts zusammenstr (= 2 M Abnahme am Spann). Noch die letzten 12 M str. 1 Rd ohne Abnahmen str, dann in der nächsten Rd die Abnahme 1x nach den ersten 11 M und vor den letzten 15 M wdh (= 48 M). Dann in Rd ca. 14 cm glatt rechts str, gemessen von der ersten Abnahme für den Spann. Dann beginnt die Abnahme für die Spitze.

Spitze: * 2 M rechts zusammenstr, 6 M rechts, ab * fortlaufend über die Rd wdh (= 6 M Abnahme). 1 Rd ohne Abnahmen str. * 2 M rechts zusammenstr, 5 M rechts, ab * fortlaufend über die Rd wdh. 1 Rd ohne Abnahmen str. Auf diese Weise in jeder 2. Rd 1 M weniger zwischen den Abnahmen str, bis es 12 M sind. Dann jeweils 2 M rechts zusammenstr, den Faden abschneiden, durch die restlichen M ziehen und sorgfältig vernähen.

Schlaufe zum Aufhängen: Eine Schnur aus doppeltem Garn in passender Länge drehen und als Schlaufe innen an der hinteren Mitte des Strumpfes annähen.

Die Nase in Fb 3 mit M-Stichen nach der Strickschrift aufsticken oder einen großen Knotenstich als Nase sticken.

Die Schlafaugen in Fb 1 sticken (siehe Foto).

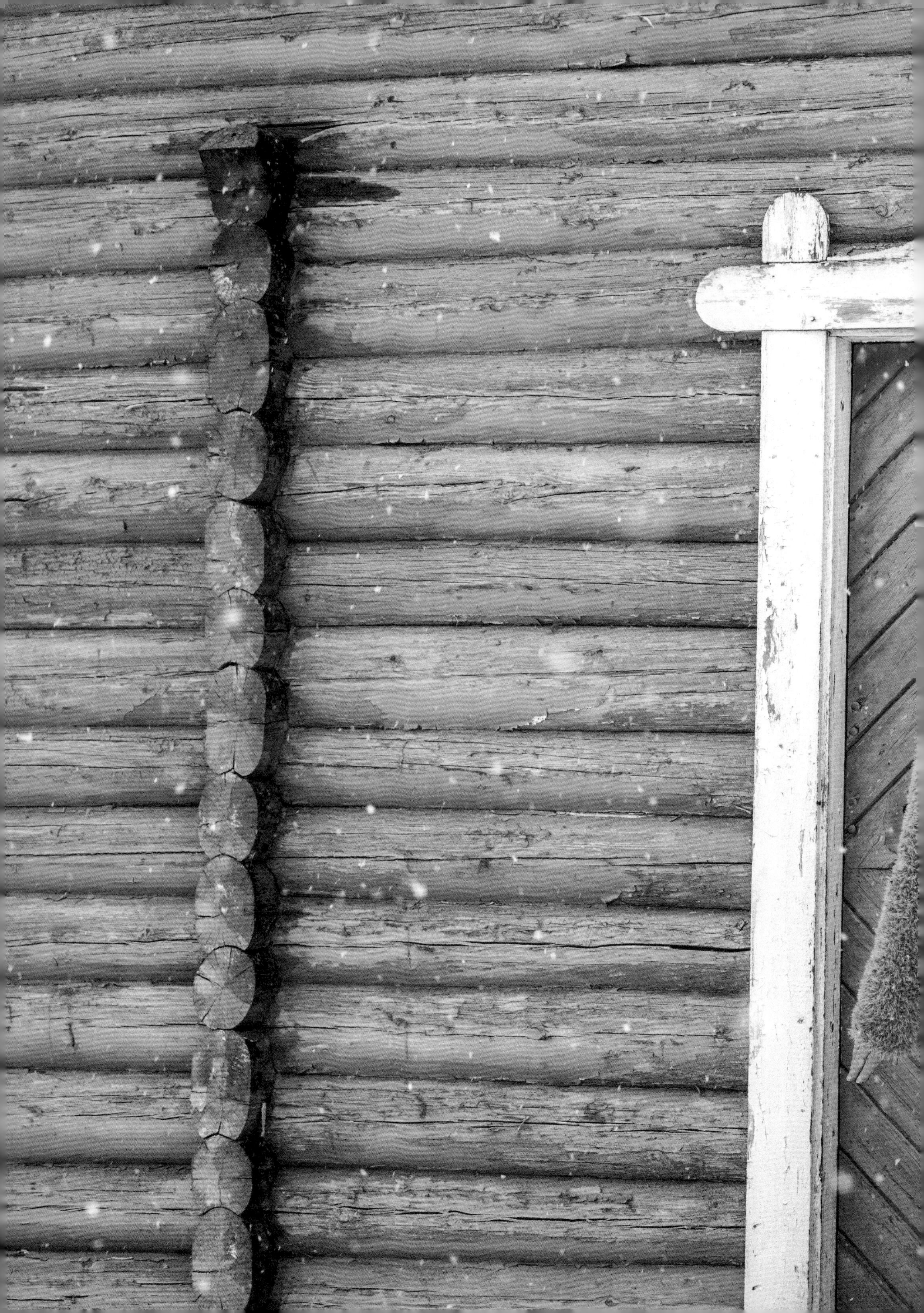

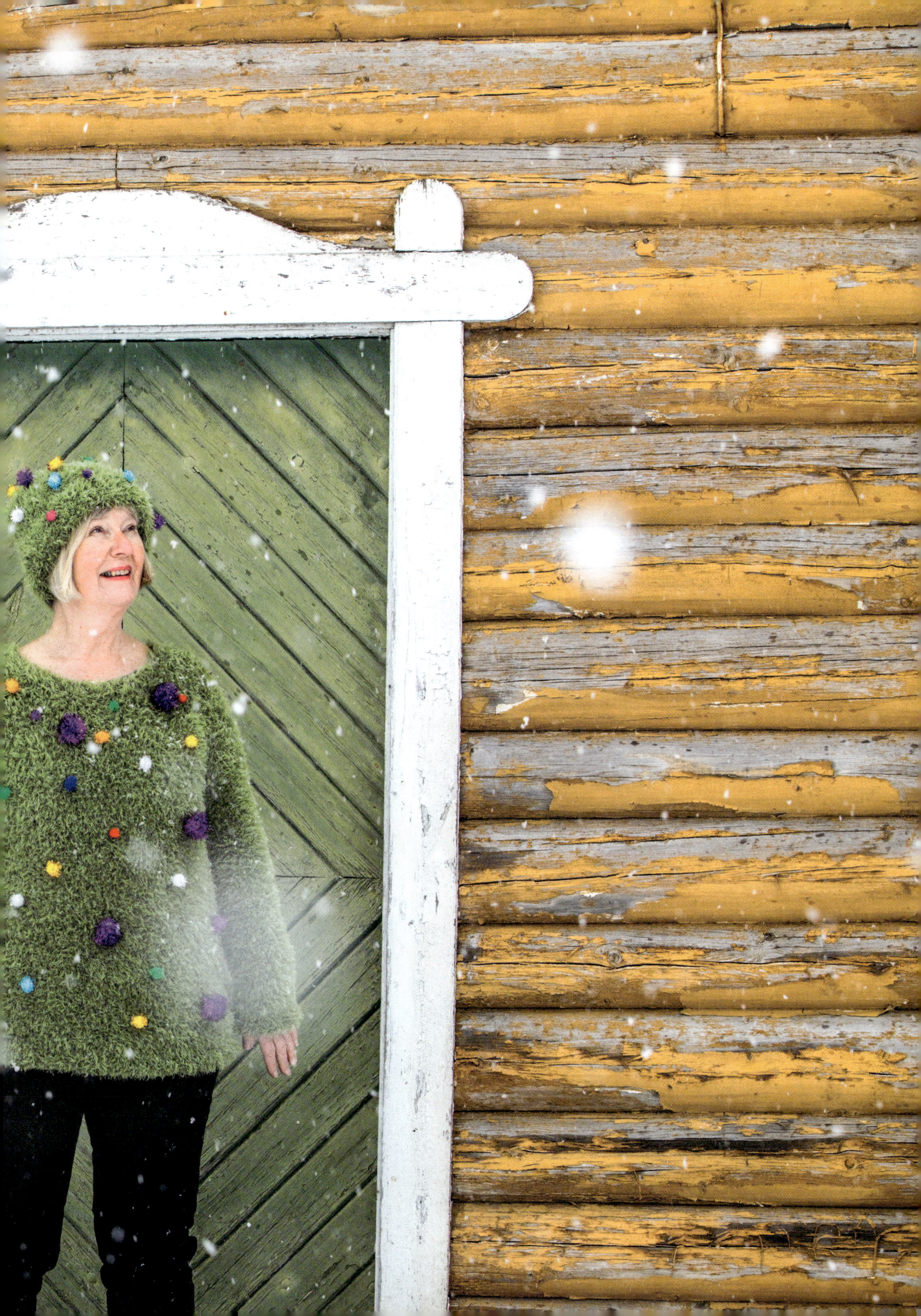

Danksagung

Vielen Dank an all die fleißigen Hände von Østre Aker Husflidslag, die die originellen Stricksachen in so kurzer Zeit gestrickt und dekoriert haben.

An die Teststrickerinnen und Helferinnen: Bente Sundland Faustino, Helle Sollid, Anne-Marit Udahl, Ann Mari Olsen, Anne Lise Børke, Anne Sandvær, Anne-Lise Holm, Bente Veslemøy Jacobsen, Frøydis Rett, Hilde Botnen, Kari Schei, Magnhild Oppegård, May-Britt Kjølen, Randi Wangensteen, Toril Kluge Hansen, Anne Syversætre, Hanne Madsen, Jorun Børresen, Kari Jarrett und Liv Kristensen.

Ein dickes Dankeschön auch an alle Mitglieder des Husflidslags, ihren Familien, Freunden und Haustieren, die Modell gestanden haben und auf schönste Weise die Weihnachtssachen präsentiert haben. Ein besonderes Dankeschön an den Reitstall Stovner, der uns das Pony für das Fotoshooting geliehen hat.

Models: Hanna Høye Haugstad, Mina Rodahl, Stella Visnes, Marie Sønstevold, Oskar Sønstevold, Alexander Sundland, Bente Faustino, Trond Oddbjørn Eriksen, Bjørn Sandaker, Liv Kristensen, Johanna Hammersland, Bendik Syversætre, Anne Syversætre, Petter Faustino, Kari Ellingsen, Erling Mangnes, Herman Løver Mangnes, Edvard Løver Mangnes und Lukas.

Ein Dank an das House of Yarn und Sandnes Garn für die Garne zum Teststricken. Unser Dank gilt auch Berit von Frau Kvist und den Angestellten von Heimen Husfliden im Glassmagasinet für ihre hilfreiche Unterstützung.

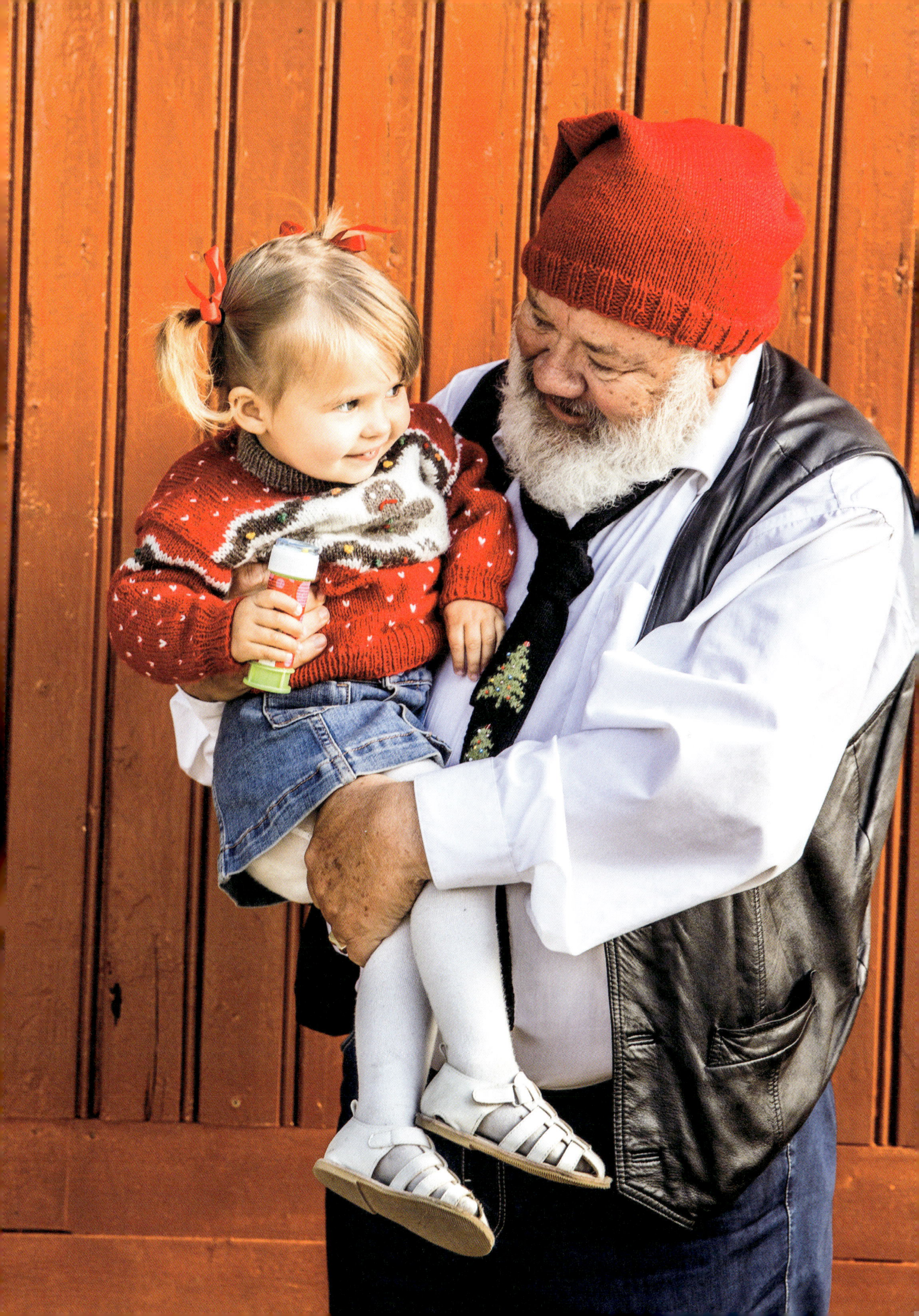

Verwendete Garne in diesem Buch

Auf dieser Seite findest du alle Original-Garne, die für die Modelle in diesem Buch verwendet wurden. Alternativen in den Farbvorschlägen werden durch / voneinander getrennt.

Kleiner Christbaum (Seite 16) und Christbaum-Mütze (Seite 20)
Garn: Du Store Alpakka, Alpakka Fur
(59 % Alpaka, 41 % Merino, LL 60 m/50 g)
Farbe: Mosegrønn (Fb 205)

Weihnachtsmix (Seite 22), Weihnachtsmix für Kinder (Seite 26), Weihnachtsmix für warme Köpfe (Seite 30), Weihnachtsmix für den Hund (Seite 34) und Weihnachtsmix-Strümpfe (Seite 38)
Garn: Sandnes Garn, Smart
(100 % Schurwolle superwash, LL 100 m/50 g)
Farbvorschlag:
Farbe 1: Blå (Fb 5936) / Marineblå (Fb 5575) / Rød (Fb 4219)
Farbe 2: Grønn (Fb 8264) / Olivengrønn (Fb 9645)
Farbe 3: Hvit (Fb 1002)
Farbe 4: Mellombrun melert (Fb 2652)
Farbe 5: Rød (Fb 4219)
Farbe 6: Svart (Fb 1099)
+ kleiner Rest Orange für die Nase des Schneemanns

Nostalgie (Seite 44)
Garn: Sandnes Garn, Alpakka
(100 % Alpaka, LL 110 m/50 g)
Farbvorschlag:
Farbe 1: Rød (Fb 4219)
Farbe 2: Mosegrønn (Fb 9573)
Farbe 3: Natur (Fb 1012)
Farbe 4: Mørk beigemelert (Fb 3151)

Pfefferkuchenmann (Seite 48)
Garn: Sandnes Garn, Fritidsgarn
(100 % Schurwolle, LL 70 m/50 g)
Farbvorschlag:
Farbe 1: Naturmelert (Fb 2641)
Farbe 2: Mellombrun (Fb 3161)
Farbe 3: Grønn (Fb 9346)
Farbe 4: Rød (Fb 4120)
Farbe 5: Oransje (3326)
Farbe 6: Gul (Fb 2206)

Rudolf (Seite 52)
Garn: Du Store Alpakka, Hexa
(100 % Alpaka, LL 100 m/50 g)
Farbvorschlag:
Farbe 1: Mørk oliven melert (Fb 925)
Farbe 2: Rust (Fb 931)
Farbe 3: Rødoransje melert (Fb 917)
Farbe 4: Natur (Fb 910)
Farbe 5: Svart (Fb 914)

Alle Jahre wieder ... (Seite 56)
Garn: Dale Garn, Falk
(100 % Schurwolle superwash, LL 106 m/50 g)
Farbvorschlag:
Farbe 1: Svart (Fb 90)
Farbe 2: Hvit (Fb 17)

Advent, Advent (Seite 60)
Garn: Sandnes Garn, Smart
(100 % Schurwolle superwash, LL 100 m/50 g)
Farbvorschlag:
Farbe 1: Lys gråmelert (Fb 1042)
Farbe 2: Rød (Fb 4219)
Farbe 3: Hvit (Fb 1002)
+ evtl. Reste in Grün oder einer anderen Fb, um die Päckchen auf dem Rückenteil zu verzieren

Weihnachtswichtel (Seite 64)
Garn: Sandnes Garn, Smart
(100 % Schurwolle superwash, LL 100 m/50 g)
Farbvorschlag:
Farbe 1: Grønn (Fb 8264)
Farbe 2: Olivengrønn (Fb 9645)
Farbe 3: Mellombrun melert (Fb 2652)
Farbe 4: Rød (Fb 4219)
Farbe 5: Natur (Fb 1012)
Farbe 6: Gul (Fb 2206)
Farbe 7: Lys gråmelert (Fb 1032)
+ kleiner Rest Schwarz für die Augen

Heiligabend (Seite 68)
Garn: Dale Garn, Falk
(100 % Schurwolle superwash, LL 106 m/50 g)
Farbvorschlag:
Farbe 1: Rød (Fb 4018)
Farbe 2: Hvit (Fb 17)
+ evtl. ein kleiner Rest Grün

Verwendete Garne

Schneemann mit Pulswärmern (Seite 72), Schneemann für Kinder (Seite 76) und Schneemann-Poncho (Seite 80)
Garn: Du Store Alpakka, Pus (70 % Baby Alpaka, 17 % Acryl, 13 % Polyamid, LL 100 m/50 g) und Bling (100 % Polyester, LL 350 m/50 g)
Farbvorschlag:
Farbe 1: PUS Lys blå (Fb 4019)
Farbe 2: Pus Natur (Fb 4001) + Bling Hvit som strikkes (Fb 3001)
Farbe 3: Pus Svart (Fb 4017)
Farbe 4: Pus Oransje (Fb 4013)

Kalle (Seite 84) und Kalle für Kinder (Seite 88)
Garn: Dale Garn, Freestyle
(100 % Schurwolle superwash, LL 80 m/50 g)
Farbvorschlag:
Farbe 1: Hvit (Fb 17)
Farbe 2: Ringblomst (Fb 3309)

Glitzernder Kalle (Seite 90) und Glitzernder Kalle für Kinder (Seite 93)
Garn: Dale Garn, Line Langmo Påfugl (73 % Mohair, 22 % Wolle, 5 % Polyamid, LL 90 m/50 g) und Gullfasan (90 % Viskose, 10 % Polyamid, LL 90 m/50 g)
Farbvorschlag:
Farbe 1: Line Langmo Påfugl Hvit (Fb 10)
Farbe 2: Gullfasan Sølv (Fb 4911)
Farbe 3: Line Langmo Påfugl Oransje (Fb 7903)

Weihnachtliches Grün (Seite 96) und Weihnachtliches Grün für Kinder (Seite 100)
Garn: Du Store Alpakka, Sterk (40 % Alpaka, 40 % Merinowolle, 20 % Nylon, LL 137 m/50 g)
Farbvorschlag:
Farbe 1: Lindegrønn (Fb 847)
Farbe 2: Hvit (Fb 851)

Süße Pfefferkuchen (Seite 106), Süße Pfefferkuchen für Kinder (Seite 110) und Süße Pfefferkuchen-Strampler (Seite 114)
Garn: Du Store Alpakka, Sterk (40 % Alpaka, 40 % Merinowolle, 20 % Nylon, LL 137 m/50 g)
Farbvorschlag:
Farbe 1: Rød (Fb 828)
Farbe 2: Hvit (Fb 851)
Farbe 3: Brun melert (Fb 824)
Farbe 4: Lys brun melert (Fb 823)
+ evtl. bunte Reste zum Verzieren

Weihnachts-Höschen (Seite 118)
Garn: Du Store Alpakka, Pus (70 % Baby Alpaka, 17 % Acryl, 13 % Polyamid, LL 100 m/50 g)
Farbvorschlag: Rød (Fb 4018)
+ Natur (Fb 4001)
für die Schnüre

Rudolf-Höschen (Seite 122)
Garn: Du Store Alpakka, Pus (70 % Baby Alpaka, 17 % Acryl, 13 % Polyamid, LL 100 m/50 g)
Farbvorschlag:
Farbe 1: Grå (Fb 4011)
Farbe 2: Koksgrå (Fb 4010)
Farbe 3: Rød (Fb 4018)

Weihnachtsschlips (Seite 126)
Variante 1: Du Store Alpakka, Sterk (40 % Alpaka, 40 % Merinowolle, 20 % Nylon, LL 137 m/50 g)
Variante 2: Dale Garn, Falk
(100 % Schurwolle superwash, LL 106 m/50 g)
Variante 3: Sandnes Garn, Smart
(100 % Schurwolle superwash, LL 100 m/50 g)
Farbvorschlag:
Farbe 1: Svart
Farbe 2: Grønn

Wichtelmütze (Seite 128)
Garn: Sandnes Garn, Smart
(100 % Schurwolle superwash, LL 100 m/50 g)
Farbvorschlag:
Rød (Fb 4109) oder Rød (Fb 4219)

Schneeballstrumpf (Seite 132)
Garn: Du Store Alpakka, Pus (70 % Baby Alpaka, 17 % Acryl, 13 % Polyamid, LL 100 m/50 g)
Farbvorschlag:
Lys blå (Fb 4019)

Rudolfstrumpf (Seite 134)
Garn: Du Store Alpakka, Pus (70 % Baby Alpaka, 17 % Acryl, 13 % Polyamid, LL 100 m/50 g)
Farbvorschlag:
Farbe 1: Grå (Fb 4011)
Farbe 2: Koksgrå (Fb 4010)
Farbe 3: Rød (Fb 4018)

Buchempfehlungen für Sie

ISBN 978-3-7724-4807-2

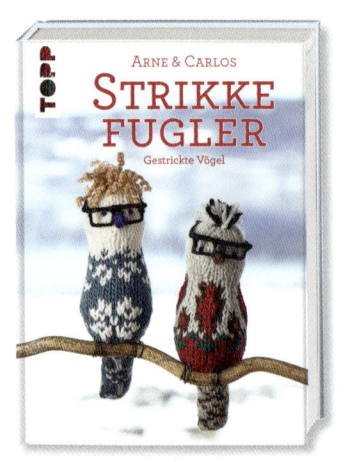

ISBN 978-3-7724-6484-3

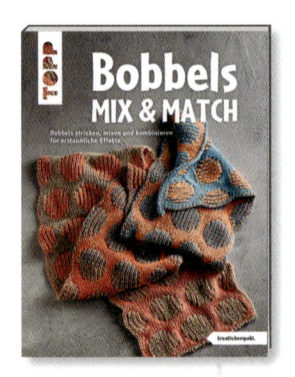

ISBN 978-3-7724-6828-5

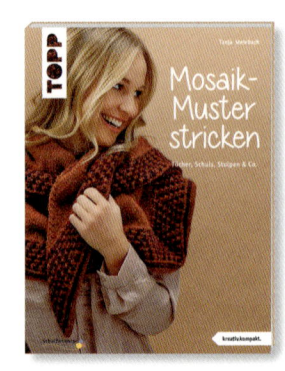

ISBN 978-3-7724-6822-3

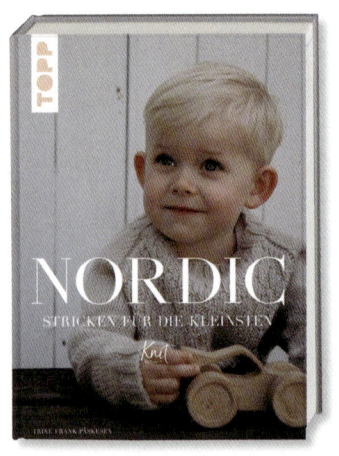

ISBN 978-3-7724-8163-5

ISBN 978-3-7724-8113-0

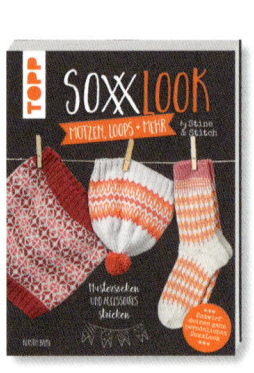

ISBN 978-3-7724-8175-8

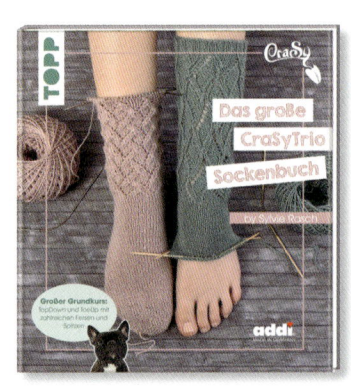

ISBN 978-3-7724-8160-4

ISBN 978-3-7724-8122-2

ISBN 978-3-7724-6480-5

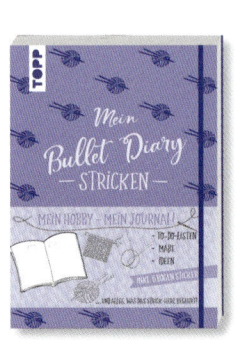

ISBN 978-3-7724-8149-9

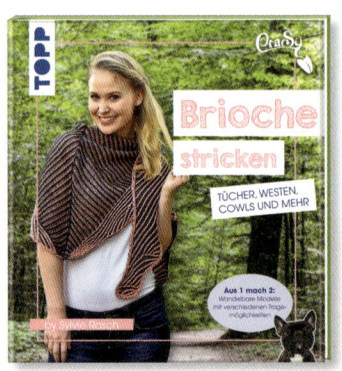

ISBN 978-3-7724-8161-1

Kreativ-Bücher finden Sie auf www.TOPP-kreativ.de

Weitere Ideen zum Selbermachen gesucht?

Lieblingsstücke von einfach bis einfach genial finden Sie bei TOPP! Lassen Sie sich auf unserer Verlagswebsite, per Newsletter oder in den sozialen Netzwerken von unserer Vielfalt inspirieren!

Website
Verlockend: Welcher Kreativratgeber soll es für Sie sein? Schauen Sie doch auf www.TOPP-kreativ.de vorbei & stöbern Sie durch die neusten Hits der Saison!

TOPP-Autoren
Sie wollen wissen, wer die „Macher" unserer Bücher sind? Wer Ihnen nützliche Tipps & Tricks gibt? Auf www.TOPP-kreativ.de/Autor warten jede Menge spannender Infos zum jeweiligen Autor auf Sie. Finden Sie heraus, welches Gesicht hinter Ihrem Lieblingsbuch steckt!

Facebook
Werden Sie Teil unserer Community & erhalten Sie brandaktuelle Informationen rund ums Handarbeiten auf www.Facebook.com/Mitstrickzentrale
Wer sich für Basteln, Bauen, Verzieren & Dekorieren interessiert, ist auf www.Facebook.com/Bastelzentrale genau richtig!

Pinterest
Sie sind auf der Jagd nach den neusten Trends? Sie suchen die besten Kniffe? Die schönsten DIY-Ideen? All das & noch vieles mehr gibt es von TOPP auf www.Pinterest.com/Frechverlag

Newsletter
Bunt, fröhlich & überraschend: Das ist der TOPP-Newsletter! Melden Sie sich unter: www.TOPP-kreativ.de/Newsletter an & wir halten Sie regelmäßig mit Tipps & Inspirationen über Ihr Lieblingshobby auf dem Laufenden!

Extras zum Download in der Digitalen Bibliothek
Viele unserer Bücher enthalten digitale Extras: Tutorial-Videos, Vorlagen zum Downloaden, Printables & vieles mehr. Dieses Buch auch? Dann schauen Sie im Impressum des Buches nach. Sofern ein Freischaltcode dort abgebildet ist, geben Sie diesen unter www.TOPP-kreativ.de/DigiBib ein. Nach erfolgreicher Registrierung erhalten Sie Zugang zur digitalen Bibliothek & können sofort loslegen.

YouTube
Sie wollen eine ganz neue Technik ausprobieren? Sie arbeiten an einem spannenden Projekt, aber wissen nicht weiter? Unsere Tutorials, Werbetrailer, Interviews & Making Of's auf www.YouTube.com/Frechverlag helfen Ihnen garantiert dabei, den passenden Ratgeber von TOPP zu finden.

Instagram
Sie sind auf Instagram unterwegs? Super, TOPP auch. Folgen Sie uns! Sie finden uns auf www.Instagram.com/Frechverlag
Möchten Sie uns an Ihrem Lieblingsprojekt teilhaben lassen? Am besten posten Sie gleich ein Foto mit dem Hashtag #frechverlag & wir stellen Ihr Werk gerne unserer Community vor – yeah!

Alles in einer Hand gibt's hier:

Kreativ-Bücher finden Sie auf www.TOPP-kreativ.de

Hilfestellung zu allen Fragen, die Materialien und Kreativbücher betreffen:
Frau Erika Noll berät Sie. Rufen Sie an: 05052/911858*   *normale Telefongebühren

Titel der Originalausgabe:
Strikk den egen Julegenser
Copyright © Font Forlag 2017
Layout und Cover: Lilo Design
Fotos: Sara Johannessen
Übersetzung: Marie-Luise Schwarz, Ratingen
Lektorat: Dr. Katrin Korch, Baden-Baden
Produktmanagement: Mareike Upheber
Cover und Satz der deutschen Ausgabe: Petra Theilfarth
Druck und Bindung: GPS Group GmbH, Österreich

Materialangaben und Arbeitshinweise in diesem Buch wurden von den Autorinnen und den Mitarbeitern des Verlags sorgfältig geprüft. Eine Garantie wird jedoch nicht übernommen. Autorinnen und Verlag können für eventuell auftretende Fehler oder Schäden nicht haftbar gemacht werden. Das Werk und die darin gezeigten Modelle sind urheberrechtlich geschützt. Die Vervielfältigung und Verbreitung ist, außer für private, nicht kommerzielle Zwecke, untersagt und wird zivil- und strafrechtlich verfolgt. Dies gilt insbesondere für eine Verbreitung des Werkes durch Fotokopien, Film, Funk und Fernsehen, elektronische Medien und Internet sowie für eine gewerbliche Nutzung der gezeigten Modelle. Bei Verwendung im Unterricht und in Kursen ist auf dieses Buch hinzuweisen.

1. Auflage 2019
Copyright © der deutschen Ausgabe: frechverlag GmbH, Turbinenstraße 7, 70499 Stuttgart
ISBN 978-3-7724-4809-6 • Best-Nr. 4809